I0879577

LA EXPRESIÓN CORPORAL

ROBIN
BOOK

Jacques Choque

LA EXPRESIÓN CORPORAL

300 ejercicios de expresión corporal, mimo y juego teatral

MA NON TROPPO

Título original: *L'Expression corporelle*

© 2011, Éditions de la Traverse

© 2013, Ediciones Robinbook, s. l., Barcelona

Diseño de cubierta: Regina Richling

Ilustración de cubierta: iStockphoto

Realización editorial: ebc, serveis editorials
Maquetación: Montse Gómez

Traducción: Eva Jiménez Julià

ISBN: 978-84-15256-59-5

Depósito legal: B-25.598-2013

Impreso por Gràfiques Cromo Quatre c/ Amílcar, 80, 08032 Barcelona

Impreso en España - *Printed in Spain*

Cualquier forma de reproducción, distribución, comunicación pública o transformación de esta obra sólo puede ser realizada con la autorización de sus titulares, salvo excepción prevista por la ley. Diríjase a CEDRO (Centro Español de Derechos Reprográficos, www.cedro.org) si necesita fotocopiar o escanear algún fragmento de esta obra.

ÍNDICE

Introducción 9

1. Ejercicios 15
2. Comentarios sobre los ejercicios propuestos 75
3. Aspectos fisiológicos, psicológicos y simbólicos 83
4. Preparación del cuerpo 89
5. Iniciación a la creación colectiva 103
6. Ejemplo de un posible trabajo durante una sesión, un fin de semana o un cursillo 111
7. El material utilizado 119
8. Crítica de la expresión corporal 129
9. La expresión corporal y los niños 147

Glosario 161
Preguntas a los lectores 169
Respuestas a preguntas 177
Conclusión 183
Bibliografía 185

INTRODUCCIÓN

La expresión corporal es un arte, y como todo arte, es a la vez un conjunto de técnicas y una manifestación personal. Las técnicas, en forma de ejercicios, son instrumentos que permiten vivir los gestos armoniosos, gestos no sujetos a normas ni a códigos concretos, sino a uno personal interior.

Al principio, todas las disciplinas proponen un aprendizaje de gestos codificados que se repiten una y otra vez. Pero demasiado bagaje técnico resulta más una traba que una liberación. Tendrá que llegar el momento en que podamos deshacernos de él como si fuera un traje viejo o un billete de transporte usado: según el medio de locomoción empleado, el viaje será más o menos rápido, agradable o desagradable.

La expresión corporal propone un trabajo que debe permitir a los participantes moverse sin referencia a un modelo (a no ser que sea producto de su imaginación), sin tener en mente una meta a alcanzar (sin noción de fracaso-éxito sino de experimentación). Cada sesión es como un nuevo descubrimiento de uno mismo gracias a un maravilloso instrumento en el que hay que ir profundizando y al que ir dominando (la mente en armonía con el cuerpo y no desde una óptica de dominio). Además, gracias a las actividades propuestas, la expresión corporal permite a los participantes tomar conciencia de sus posibilidades gestuales o mejorarlas. Estos ejercicios facilitan la comunicación, agudizan la sensibilidad, mejoran nuestros múltiples medios de expresión y profundizan el conocimiento que tenemos de nosotros mismos al tiempo que liberan el gesto para facilitar la creatividad.

El conocimiento de uno mismo implica penetrar en lo más recóndito de nuestro cuerpo, de nuestra conciencia (el inconsciente deviene cada vez más consciente). La expresión corporal puede así aparecer bajo una luz más «analítica». Quizá descubriremos lo que puede parecer un estado de dualidad: la coexistencia del amor y del odio, la sabiduría, hermana gemela de la locura, la alegría profunda junto a una irritación sincera. Cuando un ser humano conoce plenamente las distintas facetas de sí mismo, ya no puede decir «estaba fuera de mí». Ser o no ser ya no es la cuestión. El ser y el no ser pertenecen a un mismo universo de fenómenos, es decir, a las proyecciones de la conciencia.

Existe una única proyección de la realidad, una única ley que rige el Universo: el amor, la energía cósmica, la fuerza vital, el chi, lo divino. Le damos distintos nombres (también aquí las palabras son una proyección de la conciencia). Sólo esta realidad es auténtica, indispensable, pero también intangible, indefinible y amoral (la vida carece de conciencia del bien y del mal), sin pasado, sin futuro y lo que está arriba es como si estuviera abajo.

Encontrar esta energía espontánea del cuerpo significa incorporarse a la energía universal, pero es también abrir, ampliar el campo de la conciencia, ya que el espíritu es una de las manifestaciones más sutiles de la energía cósmica. En este sentido, todas las actividades corporales que inciden en la verticalidad de la columna vertebral, la respiración y la participación armoniosa de la energía emanan del mismo principio fundamental, a saber, el descubrimiento, la revelación de nuestro verdadero ser. Todas estas técnicas e instrumentos de investigación conducen al ser a devenir una conciencia-energía, unida a la energía universal. Es como la imagen de una botella en el mar: el agua salada de su interior permanece separada del mar por el envoltorio de cristal. El oleaje la balancea y puede terminar en una playa en cualquier momento. Si, por el contrario, el envoltorio de cristal, compacto y rígido, se transforma en una materia viva, permeable, el agua de la botella forma un todo con el agua del mar y la botella sigue siendo botella. Ya no será trasportada por el oleaje, ya que al poder hundirse varios metros en el agua, podrá, en última instancia, permanecer en el lugar.

Es el fantástico descubrimiento de la propia capacidad energética como solo pueden tener los locos o los niños, pero con la consciencia añadida, conciencia que nos convierte en verdaderos adultos. El resultado siempre debe ser el mismo, solo cambian las técnicas, los enfoques, lo que permite a cada individuo encontrar el camino hacia la plenitud que mejor se adapta a sus capacidades, su temperamento, etc.

Son numerosos los hilos conductores de la expresión corporal:

- La readaptación del cuerpo para utilizarlo con total libertad.
- Una mayor soltura de movimientos.
- Una apertura hacia el mundo exterior para mejorar la comunicación.
- Mayores posibilidades de expresar la vida interior.
- Desarrollo de las facultades de imaginación, de creación.
- Vuelta a la espontaneidad.
- Conocimiento del propio cuerpo para un mayor control.

Para ello intervienen varios factores en la actividad:[1]

- Las distintas partes del cuerpo: cabeza, brazos, piernas, pies, abdomen, etc.
- El uso del espacio: movimientos rectos o curvos, cerrados o abiertos.
- La duración: movimientos lentos o rápidos.
- La energía: movimientos suaves o fuertes.

Cuanto más se práctica, más hay que ir suprimiendo los movimientos innecesarios para así poder expresar tan solo lo esencial de forma sobria, sencilla y precisa. Al descubrir sus numerosas posibilidades, el participante podrá escoger su medio de expresión, ya sea especializándose o, por el contrario, multiplicando las distintas facetas de la expresión corporal etiquetadas con diferentes nombres: mímica, arte dramático, danza, etc.

La expresión corporal propiamente dicha puede dar lugar a la recreación del cuerpo, aunque sólo sea por el placer del movimiento, de la creatividad, de la expresión.

Puede constituir el complemento de un tipo de danza (por ejemplo, integrándose en una coreografía), o un medio de investigación para un trabajo de análisis, ya que el lenguaje corporal puede resultar mucho

1. Véanse las obras de Bertrand y Dumont (Éditions J. Vrin).

más revelador que el lenguaje verbal empleado en el análisis convencional.

Para los cursillos de expresión corporal he preparado a veces unos cuadros basados en los instrumentos ofrecidos por el yoga, es decir, las posturas, que, como la de la cobra, el cuervo, el puente o el árbol, componen, si se realizan lentamente, un hermoso cuadro naturalista viviente.[2]

En este capítulo no voy a intentar definir qué es la expresión corporal (¿quién podría realmente definir un arte cualquier sin correr el riesgo de que las palabras lo restrinjan?). Sólo quiero dar una visión de conjunto del trabajo que se lleva a cabo en el ámbito de la expresión corporal, y corresponderá a cada uno, a lo largo de su práctica, dar una definición en base a las transformaciones que vaya experimentando. Como reza un dicho clásico, «una onza de práctica vale más que diez mil toneladas de teoría». Cada participante debe recorrer su propio camino, experimentar la apertura de su ser, vivir, sentir su cuerpo para descubrir en él y hacer emerger su tesoro interior. Según un proverbio zen, «para saber si el agua de un bol está fría o caliente, hay que meter el dedo». El practicante debe vivir, sentir, experimentar cada momento de la actividad. Sólo después podrá hablar con conocimiento de causa. Antes de pasar por la experiencia, la imaginación, lo mental, proyectan hacia el futuro apriorismos, recuerdos que nos inducen a creer que la nueva situación es idéntica a la anterior. Además, nadie puede sentir por otro, y cada experiencia corporal es única y personal. Sin embargo, se puede compartir de distintos modos: la verbalización, es decir expresar de forma clara y cada vez más precisa, en pocas palabras, los momentos que se acaban de vivir. Concedo suma importancia a la expresión oral, ya que a menudo separamos claramente la expresión corporal y la palabra. En expresión corporal, existen tres registros con los cuales podemos trabajar:

- Movimientos, juegos, expresión del cuerpo (andar, juego de miradas, ademanes diversos, etc.).
- El registro de la voz: gritar, hablar fuerte, susurrar, etc.
- El registro de las palabras: palabras de amor, de violencia, técnicas, etc.

2. Véase del autor *Yoga, manuel pratique* (Éditions Amphora).

Un juego divertido consiste en trabajar simultáneamente diferentes registros (llamado técnicamente diferenciación); es decir, por ejemplo:

- El cuerpo expresa cólera mientras que la voz es dulce y murmura términos técnicos (lectura, por ejemplo, de un manual de mecánica del automóvil).
- La parte inferior del cuerpo (abdomen, piernas) expresa violencia en tanto que la parte superior refleja ternura y la cara es pura sonrisa.

Al principio, estos ejercicios resultan muy difíciles, pero permiten a quien los practica dominar progresivamente su capacidad expresiva.

Actividades y ejercicios del capítulo siguiente

He clasificado en grandes grupos todas estas propuestas para facilitar su práctica, pero no hay que olvidar que el cuerpo humano es un todo y no un conjunto de pequeños fragmentos:

- Miembros.
- Inconsciente.
- Mirada.
- Lenguaje.
- Parte derecha del cerebro, etc.

Por el contrario, intentaremos abarcar la globalidad de nuestro ser. Para este capítulo he formado ocho grupos además de relajaciones (propuestas en el capítulo 6: Desarrollo de una sesión), todo un trabajo basado en la utilización de la música (véase discografía), en el empleo de objetos externos a uno (confección de máscaras, trajes...) y la actitud, la posición del cuerpo.

Estos grupos son:

- La voz.
- Las palabras.
- Los ritmos.

- La cara, la mirada.
- Las manos, el tacto.
- El espacio.
- Improvisaciones.
- Trabajo especializado.
- La máscara.
- Posición del cuerpo.

1

EJERCICIOS

La técnica del espíritu no es nada
Tan solo es un coloso con pies de barro...
Taisen Deshimaru

La voz

Busca tu voz y te encontrarás.

Ejercicio 1

Articular correctamente las vocales *A*, *O*, *E*, *U*, *I* y las consonantes *B*, *K*, *P*, *R*, etc.

Ejercicio 2

Cantar estas letras en tono grave, agudo y normal, es decir, sin forzar la voz, en el tiempo de una espiración.

Ejercicio 3

Pronunciar el nombre de uno en distintos tonos: rápidamente, lentamente, gritando, murmurando, ya sea solo, por ejemplo sentado de cara a la red, o con otra u otras personas.

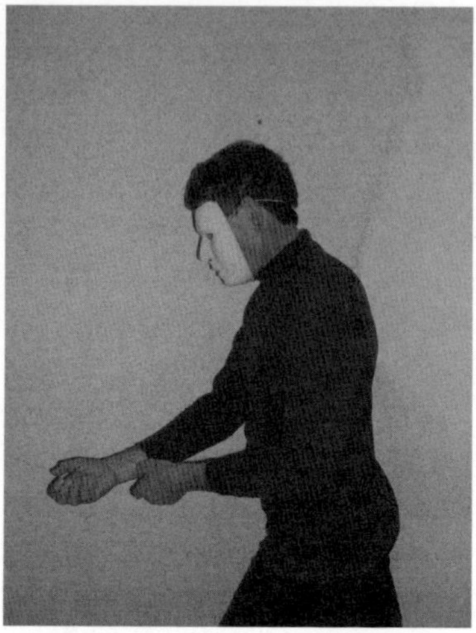

Variante: pronunciar el nombre de otros, intentando traducir la impresión producida por el otro: si la cara que estoy viendo me inspira dulzura, diré su nombre dulcemente; si la persona me da la impresión de timidez, pronunciaré su nombre con voz tímida.

Ejercicio 4

Inventar, expresar el máximo posible de sonidos con la voz. En este ejercicio se dejará total libertad a los participantes para que puedan practicar los graves y los agudos, y para que den rienda suelta a su creatividad vocal.

Ejercicio 5

Dos participantes se sitúan frente a frente. En lugar de dialogar con las palabras y su significado, «hablarán» sólo con el sonido, la música producida por las frases que quieren expresar. Uno de ellos cuenta al otro, por ejemplo, una historia divertida sin el soporte de la palabra, sólo con el sonido (este ejercicio suele provocar ataques de risa generales).

Ejercicio 6

Todos los participantes se tumban boca arriba con las cabezas unas contra otras formando un círculo. Cada uno emitirá el sonido que le surja de forma espontánea al espirar. Este ejercicio resulta muy relajante y fomenta la armonía del grupo.

Variante: mismo ejercicio pero poniendo la cabeza sobre el vientre de otro participante.

Ejercicio 7

Cada miembro del grupo elige un sonido que repetirá para formar un ritmo. El conjunto de participantes podrá crear una especie de orquesta sonora.

Variante: se podrán formar dos grupos, uno orquesta y otro de baile, que podrán expresarse corporalmente siguiendo el ritmo creado de forma colectiva.

Ejercicio 8

Los participantes pasean con los ojos cerrados por el espacio de trabajo emitiendo un sonido, al tiempo que permanecen a la escucha de los otros sonidos. En un momento determinado, dos de ellos sentirán que su «emisión» está en armonía y podrán desarrollar una especie de diálogo sonoro. Al igual que los demás ejercicios, este amplía la comunicación.

Ejercicio 9

De dos en dos o entre varios, soltar interjecciones: *huy*, *uf*, *zas*, *ea*, *buah*, *eh*, *ay*... Mismo ejercicio pero con onomatopeyas: *oink*, *miau*, *pio*, *tic-tac*, *cricrí*, *muu*... Estos ejercicios favorecen la expresión de nuestro lado infantil y reducen lo que siempre nos corta más: el sentido del ridículo.

Ejercicio 10

Los participantes se describirán uno a uno en voz alta. ¿Cómo describirse? ¿Qué describir? ¿Con qué palabras? Todas estas preguntas evidencian lo difícil de este ejercicio, pero que es típico para un mejor conocimiento de uno mismo.

Ejercicio 11

Un participante describirá a otro miembro del grupo en voz alta. ¿Cómo ve al otro? ¿Qué destaca en primer lugar?...

Ejercicio 12

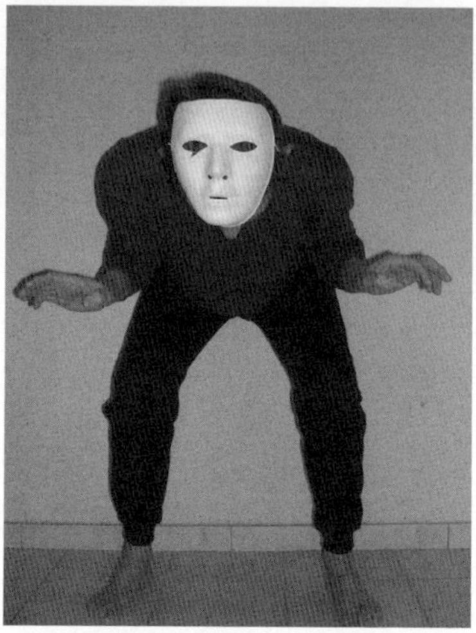

De cara a la pared, pensar en la propia vida: ¿es una farsa, una tragedia, una comedia, un folletín, una novela, un melodrama? El practicante se convierte en el espectador de su propia vida, lo que le hace reír, llorar, aplaudir, felicitarse, lamentarse...

Ejercicio 13

Una persona se imagina que está encerrada dentro del espacio de una sala. Otras personas se pasean alrededor de este espacio y se establece un diálogo entre prisionero y personas libres. ¿Cómo reaccionar? ¿Con compasión? ¿Con burla? ¿Con sadismo?

Ejercicio 14

Leyendo un texto en voz alta, no dar importancia o evidenciar que las palabras que nos «afectan», que nos «hablan» nos remiten a situaciones pasadas, a recuerdos...

Ejercicio 15

Leer un texto en un tono y ritmo que nada tengan que ver con el contenido del mismo. Este ejercicio de diferenciación entre voz y texto favorece el dominio de la dicción; no nos dejamos llevar por el significado de las palabras, sino que mantenemos cierta distancia, cierta perspectiva, entre el ojo y el oído.

Ejercicio 16

Intentar tirar de la mano a alguien que se resiste. Dejar surgir la expresión verbal y vocal de esta situación conflictiva.

Ejercicio 17

Con las manos sobre el cuerpo de otro, expresar qué se siente utilizando sonidos. ¿Resulta, agradable, desagradable, sorprendente...?

Ejercicio 18

Un grupo actor, otro «dicción». Este último lanza una frase corta que expresará el leitmotiv de un ritmo. El grupo actor se expresará corporalmente. La frase puede o no tener un significado.

Ejercicio 19

Ejercicios para cuidar, relajar y distender los instrumentos de la elocución, de la dicción, de la emisión sonora:

- Imaginar que se está mascando un chicle de gran tamaño para abrir la boca al máximo.
- Hacer muchas muecas con los labios.
- Girar la lengua varias veces en todos los sentidos.
- Masajearse los labios, las mejillas.
- Respirar lentamente para notar la respiración en la garganta, en el abdomen.

Expresarse claramente y encontrar las palabras adecuadas suele evitar muchos conflictos e implica una mejor comunicación. Algunos dicen que la voz es el reflejo de nuestra personalidad más profunda. No cabe duda. Lo que sí es cierto es que se transforma a medida que avanzamos en los ejercicios.

Entonces digo, en voz alta: «Buena práctica».

Las palabras

Lo que da fuerza a una palabra es el silencio que la precede y que la sigue.

Ejercicio 20

Un participante se sienta en el centro del grupo. Los demás, por turnos, van a decirle algo. El participante intenta vivir corporalmente lo que le dicen.

Ejercicio 21

Interpretar corporalmente: la lectura de un artículo de periódico; de un texto publicitario; de un menú. Este ejercicio implica el dominio de la capacidad interpretativa y de la expresión espontánea del mundo imaginario.

Ejercicio 22

Se «lanza» una palabra: un grupo de actores expresa con el cuerpo las imágenes asociadas a ella (palabras tales como calvario, contaminación, discurso, nieve, martillo, playa…).

Ejercicio 23

Repetir una misma frase con una entonación, un ritmo y una fuerza distintos para darse cuenta de que su significado puede cambiar totalmente:

- La mujer hermosa. ¿La mujer hermosa? La mujer hermosa (murmurando).
- ¡Oh, qué bebé tan hermoso! Aunque uno no se lo crea, puede decirse sinceramente, para la galería, como cumplido, para agradar…

Ejercicio 24

De forma individual o en grupo, representar corporalmente las palabras: amor, inmensidad, nacimiento, religión, guerra, paz, espíritu, política, maldad, coraje, ironía...

Ejercicio 25

Encontrar palabras que empiecen con una letra elegida al azar e interpretarlas corporalmente.

Variante: encontrar palabras que empiecen con la misma letra. Interpretar corporalmente estas palabras creando lazos entre ellas (escenario, cuadro, o sucesión de absurdos...).

Ejercicio 26

Expresar el sentido múltiple de una palabra: gato, cresta, blanco, sierra...

Ejercicio 27

- Un participante se describirá a sí mismo ante un compañero que dirá «stop» cada vez que le parezca escuchar una palabra importante de la descripción.
- Mirar a los compañeros y luego cerrar los ojos; ir al encuentro de un participante y, tras reconocerlo con el tacto, describir el atuendo, el peinado, los complementos...

Ejercicio 28

Interpretar corporalmente los siguientes adverbios:

Lentamente	Pesadamente	Ágilmente	Rápidamente
Furtivamente	Torpemente	Fuertemente	Súbitamente
Secamente	Peligrosamente	Violentamente	Pausadamente
Apresuradamente	Repentinamente	Impetuosamente	Salvajemente

Elegantemente	Prestamente	Tranquilamente	Enfermizamente
Vigorosamente	Religiosamente	Raudamente	Ardientemente
Contundentemente	Vulgarmente	Locamente	Fogosamente
Piadosamente	Maquinalmente	Brevemente	Naturalmente
Sutilmente	Delicadamente	Amorosamente	Militarmente
Socialmente	Locamente		

Ejercicio 29

Interpretaciones corporales a partir de expresiones:

Dormirse en los laureles
Poner los puntos sobre las íes
Tirar la casa por la ventana
Como Pedro por su casa
No tener pelos en la lengua
Me lo dijo un pajarillo
Tener el corazón en un puño
Poner la mano en el fuego
Sentirse como pez en el agua
Coger el toro por los cuernos
Tener las espaldas anchas
Dar gato por liebre
Nadar contra la corriente
No es oro todo lo que brilla
Meter el dedo en el ojo
Dormir a pierna suelta
Ir la procesión por dentro
Tener los riñones cubiertos
A pedir de boca
Costar un ojo de la cara
Meter la pata
No tener dos dedos de frente
Tomar el pelo
Tirar la toalla
Brillar por su ausencia
Dar gato por liebre
Descubrir el pastel
Pelillos a la mar
Estar a dos velas
Estar en la luna
A ojo de buen cubero
Poner pies en polvorosa
Tirar de la manta
Testarudo como una mula
Estar en las nubes
Hacer oídos sordos
Ir viento en popa
Estar a la altura
Estar de rodillas
Llorar a moco tendido
Tomar a pecho
A pies juntillas
Al dedillo
Hablar por los codos
Ponerse las botas
Tener por la mano
Venir a cuento
Ser fuerte como un toro

Variante: dialogar por parejas utilizando verbalmente o interpretando corporalmente estas expresiones.

Ejercicio 30

A partir de una palabra, trabajar con los tres modos: relación, identificación, representación. Un ejemplo: la lluvia; relación: estoy mojado; identificación: soy la lluvia; representación: represento la lluvia.

Ejemplo de palabras:
Nieve, máquina, puerta, cuchillo, silla.
Árbol, agua, cuerda, bocadillo, chicle.
Barco, fuente, muñeca, pelota, perro.

Ejercicio 31

Un participante se sitúa en el centro del grupo. Cada uno expresa con palabras o frases cómo lo percibe, cómo lo vislumbra.

Ejercicio 32

Un participante se sitúa en el centro del grupo. Cada uno le dice cómo lo percibe en cuanto a color, país, personaje célebre, tipo de alimentación, música, animal, mueble, vestimenta, género literario...

Ejercicio 33

Un grupo de expresión corporal crea una frase (cada uno aporta una palabra). Expresar esta frase en distintos tonos y ritmos. (Este ejercicio favorece sobre todo el trabajo de dicción.)

- Poquito a poquito Paquito empaca poquitas copitas en pocos paquetes.
- Parra tenía un perro. Guerra tenía una parra. El perro de Parra subió a la parra de Guerra. Guerra pegó con la porra al perro de Parra. Si el perro de Parra no hubiera subido a la parra de Guerra, Guerra no hubiese pegado con la porra al perro de Parra.

- Si tu gusto gustara del gusto que gusta mi gusto, mi gusto gustaría del gusto que gusta tu gusto.
- Yáñez come ñame en las mañanas con el niño ñoño.
- Hugo tuvo un tubo, pero el tubo que tuvo Hugo se le rompió. Para recuperar el tubo que tuvo, tuvo que comprar un tubo igual al tubo que tuvo.
- Te quiero porque me quieres y quieres que te quiera más. Te quiero más que me quieres. ¿Qué más quieres? ¿Quieres más?
- A Cuesta le cuesta subir la cuesta, y en medio de la cuesta va y se acuesta.
- De mañana y sin maña la araña ñoña la tela enmaraña.
- ¿Con cuántas planchas plancha Pancha? Pancha plancha con cuatro planchas.
- Tres tristes tigres tragaban trigo en tres tristes trastos sentados tras un trigal.
- Que colosal col colocó el loco aquel en aquel local.
- El que sabe no es el que todo lo sabe, sino el que sabe dónde está lo que no sabe.
- La sucesión sucesiva de sucesos sucede sucesivamente con la sucesión del tiempo.
- Si yo como como como, y tú comes como comes ¿Cómo comes como como si yo como como como?
- Este le dijo a este que fuera donde este para que este mandara a este; si este no va con este, menos irá este con este.
- Si Prieto me aprieta, yo también aprieto a Prieto.
- ¿Cuánta madera roería un roedor si los roedores royeran madera?
- Platicando plácidamente en la plateada planicie de la playa se oía el plañir plañidero plañendo.

Ejercicio 34

Escribir en un papel el nombre de distintos objetos. Una parte del grupo representará estos objetos (o se identificará o estará en relación con ellos). Inversamente: presentación corporal de un objeto.

Ejemplo: un perchero. O bien el participante imitará el gesto de quitarse una chaqueta para colgarla en el perchero (trabajo de relación); o bien dibujará la forma del perchero en el espacio (trabajo de representación); o se convertirá en perchero (trabajo de identificación).

Ejercicio 35

Cada participante escribe en un papel una frase (sustantivo, adverbio, verbo...) que puede no tener sentido alguno. Uno de ellos la interpretará corporalmente y le corresponderá enfatizar el lado absurdo de la escena creada.

Ejercicio 36

Trabajo para dos. Uno de ellos dice: «Me apetecería...», y el otro responde: «No porque...». Este ejercicio realizado con cuatro a cinco clichés culturales o por turnos, permite evidenciar las frases hechas, los estereotipos que empleamos muy a menudo sin ni siquiera darnos cuenta.

Ejemplo:

- Me apetecería comer este pastel.
- No lo comas porque vas a engordar.

- Me apetecería ir de viaje.
- No vayas porque vas a tener problemas.

- Me apetecería ser ingeniero.
- No lo intentes porque vas a fracasar.

Ejercicio 37

Individualmente o de dos en dos, llamar por teléfono: a vuestro jefe, a un viejo amigo, a emergencias, a un pariente, a una agencia de viajes...

Ejercicio 38

El participante hablará frente a los demás como vencedor o como perdedor:

- « Solo que»... hubiera continuado mis estudios; ahorrado un dinero...
- «Cuando consiga»... mi diploma, mi coche, ya veréis...
- «Cuando sea»... rico, arquitecto, actor...
- «¿Y si»...perdiera mi trabajo, hubiera una guerra?...

Ejercicio 39

Suprimir las consonantes de una frase para obtener sólo una vibración sonora que podrá convertirse en una fórmula mágica.

Ejemplo: «Ha recibido un golpe bajo que lo ha dejado KO».

a e i i o u o e a o e o a e a, o, o. Repetir varias veces estas vocales. Podrá transformarse en un canto, en una fórmula mágica, en un una expresión sonora modulada.

Puede hacerse a la inversa: a e i o u a e a = ha perdido su chaqueta.

Variante: con este ejercicio se pueden crear adivinanzas entre los participantes. Uno de ellos dice una serie de vocales (resultado de una frase sencilla) y el grupo deberá averiguar la frase.

Ejercicio 40

Frente al grupo y por turnos, cada participante pronuncia la frase: «lo importantes es que...» o «lo que cuenta en la vida es...».

Ejercicio 41

Desplazándose por el espacio de trabajo, los participantes se darán los buenos días: entre obreros, campesinos, hombres de mundo, esnobs, comerciantes, políticos, hombres de negocios, niños, militares... Expresar matices en la forma de dar los buenos días: cordialmente, con simpatía, con prisas, con rencor, por obligación, jovialmente, con indiferencia, malhumoradamente, con alegría, en un reencuentro, con talante huraño...

Ejercicio 42

Ejercicio para dos participantes en que uno de ellos intenta leer los labios del otro: una letra, una palabra, una frase.

Ejercicio 43

Pronunciar una frase fijándose especialmente en el movimiento de la lengua. Los ejercicios 42 y 43 permiten mejorar la dicción y desarrollar la atención.

Ejercicio 44

Hablando de cualquier tema, los participantes cambiarán de posición para observar si ello influye en el discurso:

- De lado.
- De pie, frente a frente.
- Tumbados, frente a frente.
- Espalda contra espalda, hombre contra hombro.
- A gatas...

Observar también si la distancia influye en el discurso: muy cerca uno de otro, a media distancia, alejados.

Ejercicio 45

Uno de los participantes se sienta en el centro del grupo y los demás le envían mensajes negativos: ¿cómo reacciona? También pueden ser positivos, como por ejemplo, eres guapo, lo haces bien...

Ejercicio 46

Juego de abogados. Cada participante defenderá su tesis que será rebatida ya sea por el grupo o por otro abogado.

Ejemplo: la droga es un azote. El grupo (o el abogado de la defensa) argumentan en sentido contrario: la droga tendría que ser de utilidad pública por tal y cual razón.

Variante: posibilidad de defender una tesis totalmente absurda usando todos los argumentos posibles. Ejemplo: la Tierra es cuadrada; todos los ingleses son pelirrojos...

Ejercicio 47

Juego de las subculturas. Hablar de la pertenencia a un grupo cultural, por ejemplo, punks, hippies, católicos, protestantes, estudiantes, etnias...

Variante: Posibilidad de conflicto entre dos grupos: protestantes-católicos; hippies-militares.

Ejercicio 48

Convertirse en la oveja negra de una familia representada por el grupo. Ejemplo: los Martínez son abogados o médicos desde hace generaciones. Uno de los hijos quiere ser periodista para poder viajar. Argumentos de una familia de militares cuyo hijo quiere tocar la guitarra en un grupo de rock.

Ejercicio 49

Trabajar corporalmente el aura poética de algunas expresiones: una catedral de silencio, solo en la multitud, viaje a la luna, negras tinieblas, fuego del infierno...

Ejercicio 50

Ejercicio de transformaciones que consiste en recorrer el espacio de trabajo y peguntar de sopetón a otro participante: ¿quién eres?, ¿qué haces?, ¿adónde vas?, ¿qué te gusta?

Ejercicio 51

Formar grupos de tres e inventar un cuento de hadas en que intervengan la bruja, la víctima y el/la salvador/a. Centrar el trabajo en la elección de las palabras clave que destaquen la personalidad de cada protagonista.

Los ritmos

Escuchar el Universo y oír sus ritmos.

Ejercicio 52

Para empezar a trabajar con el ritmo, se realizará un ejercicio sencillo: desplazarse hacia adelante, hacia atrás, hacia la derecha, hacia la izquierda, respetando un determinado ritmo.

Variante: cambiar con frecuencia de ritmo para desarrollar el oído y la atención.

Ejercicio 53

Respirar rítmicamente contando, por ejemplo, 1-2-3-4-5 al inspirar, y 1-2-3-4-5 al espirar. Con este ejercicio, los participantes practican la concentración, desarrollan la capacidad respiratoria y se tranquilizan.

Ejercicio 54

Ejercicio del títere desarticulado siguiendo un ritmo. Con los brazos levantados, los participantes deben relajar una parte de su cuerpo:

- la mano derecha;
- la mano izquierda;
- el antebrazo derecho;
- el antebrazo izquierdo;
- todo el brazo...

Ejercicio 55

Por turnos, cada participante marca un ritmo sencillo que los demás reproducen. Ejemplos de algunos de los posibles ritmos son:

- 1-2; 1-2-3; 1-2-3-4; 1-2-3-4-5.
- Con distintos espacios: -, -; —.-; —.-; ...
- Con palabras: un-dos-tres; un-dos-tres.
- Con un instrumento de percusión.
- Con el cuerpo: chascar la lengua; dar palmas; golpear el muslo, la cabeza; patear; chasquear los dedos.

Como puede verse, las posibilidades son numerosas y pueden mezclarse. Ejemplo: ritmo a cuatro tiempos:

- Primer tiempo: chascar la lengua.
- Segundo tiempo: patear.
- Tercer tiempo: dar palmadas.
- Cuarto tiempo: decir *A* u *O*...

Ejercicio 56

Representar sólo con ritmos (sonidos, ruidos, movimientos corporales):

- Las estaciones; ejemplo: rachas de viento (un tiempo determinado), caída de hojas (otro tiempo), lluvia (otro tiempo), tres imágenes rítmicas que representan el otoño.
- Un vehículo (tren, camión, coche…).
- Una orquesta.
- En el cine; ejemplo: Primer tiempo: alguien arruga un papel; segundo tiempo: un beso ruidoso; tercer tiempo: un estornudo; cuarto tiempo: alguien se suena la nariz.

La repetición de estos ritmos proporciona una frase rítmica sumamente original. Se puede introducir una variante pidiendo a los que escuchan el significado del ritmo.

Ejercicio 57

Una forma original de presentarse al grupo consiste en producir un ritmo, por ejemplo cuatro tiempos en palmadas, y luego sustituir un tiempo por el nombre del ejecutante.

Ejercicio 58

Ejercicio de concentración en un ritmo consistente en producir un ritmo, por ejemplo, en ocho tiempos.

1-2-3… 7-8 los participantes andan siguiendo el ritmo.

Stop; los participantes se detienen.

1-2-3… 7-8 los participantes permanecen inmóviles.

El conductor del juego hará repetir este ritmo varias veces. Luego dará otro ritmo (por ejemplo, cinco tiempos), mientras los participantes siguen el ritmo de ocho tiempos.

Ejercicio 59

Ritmo silencioso: indicar un ritmo sólo con movimientos. Ejemplo:

1. Levanto el brazo.
2. Levanto la mano del otro brazo.
3. Bajo la cabeza.
4. Levanto una pierna.

Este ejercicio es recomendable para personas con dificultades de coordinación o con poco conocimiento de su estructura corporal.

Ejercicio 60

Ritmo respiratorio a dúo. Por ejemplo, una pareja frente a frente tocándose las manos realiza un movimiento armonioso con cada inspiración y espiración. Los participantes tendrán total libertad para crear los movimientos, pero con la única consigna de respetar un ritmo respiratorio.

Ejercicio 61

En base a un ritmo producido por un instrumento de percusión, expresarse corporalmente con gestos y movimientos sencillos. Este diálogo cuerpo-música podrá realizarse en pareja o en grupo; por ejemplo, el grupo de expresión corporal se divide en dos: uno dará el ritmo con los instrumentos de percusión, y el otro formará el de los bailarines.

Ejercicio 62

Cadena rítmica. Un participante crea un ritmo muy sencillo y muy corto que reproduce tres o cuatro veces, luego se detiene y otro miembro del grupo retoma el ritmo y le añade otro motivo rítmico muy simple. Un tercer participante prosigue los dos primeros ritmos añadiéndoles un tercero. Este ejercicio estimula la memoria auditiva de los participantes y les obliga a concentrarse, a forzar su atención.

Variante: esta cadena rítmica puede realizarse con movimientos corporales (véase ejercicio 59). En este caso, se trata de que cada participante reproduzca el ritmo precedente y le añada uno nuevo, en este caso con un movimiento.
Para estos ejercicios se aconseja elegir un ritmo a dos tiempos, ya que requieren un gran esfuerzo de memoria.

Ejercicio 63

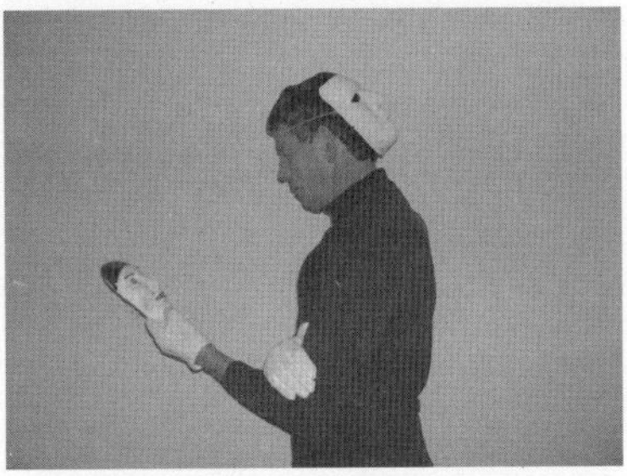

Un participante propone un ritmo sonoro; otro lo transforma en corporal. Posibilidad de un trabajo intenso cuya dificultad radica en respetar el tiempo entre cada sonido emitido.

Ejercicio 64

Por turnos, cada participante se convertirá en director de orquesta, que propondrá un ritmo sencillo, ya sea sonoro o corporal, y que será reproducido por los demás.

El rostro. La mirada

A veces, una sola mirada transforma nuestra visión del mundo.

Ejercicio 65

Ejercicio de muecas. Se trata de transformar la expresión del rostro representando: una persona contenta; una persona triste; una cara o mohín neutros, es decir, inexpresivos.

Variante: cambiar muy rápidamente la expresión para acostumbrarse a hacer distintas mímicas (alegre-triste-alegre triste).
Un elemento sonoro indicará tal o cual expresión, como por ejemplo:

- Una palmada: cara alegre.
- Dos palmadas: cara triste.

Este ejercicio requiere mucha atención auditiva, al tiempo que permite la relajación de todos los músculos faciales.

Ejercicio 66

En base al mismo principio que en el ejercicio 65, ahora se trata de representar distintas expresiones: ira; desconfianza; ensoñación; odio; concentración; ironía; inocencia; ingenuidad; sorpresa; impudicia; idiotez; pánico; reflexión; aburrimiento; miedo; euforia; vulgaridad; melancolía...

Ejercicio 67

Escoger una frase y decirla en voz alta articulándola de forma exagerada para sentir y observar toda la musculatura necesaria para la dicción (observar también el movimiento de la lengua).

Ejercicio 68

«El hilo del ojo». Ejercicio para dos en el que hay que imaginar un hilo que parte del ojo de un participante y se fija en una parte del cuerpo del compañero. Ejemplo: la mirada se dirige intensamente a la mano del otro, que deberá seguir el movimiento indicado por los ojos. También en este caso los dos participantes deben prestar mucha atención. Este ejercicio favorece la comunicación y, sobre todo, la comprensión del juego de miradas.

Ejercicio 69

Un participante dibuja una cosa en el aire con un dedo; otro (o el grupo) debe adivinar qué quiere representar.

Ejercicio 70

El monitor propone distintos tipos de miradas: con disimulo; con ternura; fijamente; de forma estúpida; con indiferencia; con menosprecio; de forma desafiante; con codicia; con disimulo; con hostilidad; con curiosidad; con aprensión; con asco; pícaramente; con desdeño; cariñosamente.

Ejercicio 71

Interpretación de formas de mirar: contemplar; observar; de arriba abajo; espiar; otear; atisbar; divisar; avizorar; percibir; bizquear; fisgar.

Ejercicio 72

La mirada como tacto a distancia: acariciar con la mirada; escudriñar; desafiar; fusilar; echar una ojeada.

Ejercicio 73

Una persona se sitúa en el centro de un grupo y es observada por los demás durante determinado tiempo. ¿Qué siente? ¿Cómo vive esta situación?

Ejercicio 74

Por turnos, cada participante se mira en un espejo y se habla así mismo. ¿Qué va a contarse?

Ejercicio 75

Dos participantes se miran frente a frente durante diez minutos como mínimo: ¿Qué pasa por su cabeza? ¿Se transforma la cara del otro?

Observar el color de los ojos, la forma del rostro, la textura de la piel...

Ejercicio 76

Un participante se encuentra alejado de otro y va a su encuentro ya sea con la mirada o la palabra. En una sociedad en la que siempre tenemos prisa, vamos a tomarnos cierto tiempo para centrar toda nuestra atención en el otro. Quizá tengamos así la oportunidad de descubrir en él un montón de cosas sencillas pero olvidadas.

Ejercicio 77

Ejercicios para ejercitar la musculatura de los ojos:

- Abrirlos como platos; ponerlos en blanco; bizquear; guiñarlos; entornarlos.
- Con la mirada, dibujar una cruz, un círculo, un cuadrado, un triángulo, un ocho en horizontal y uno en vertical.
- Para descansar la vista, fijarla en un punto o en una superficie situados delante de nosotros; frotarse las palmas de las manos y luego colocarlas sobre los ojos que así se beneficiarán de su calor; darse un masaje en los párpados.

Ejercicio 78

Expresar con el rostro distintas actividades e instantes de la vida cotidiana:

- Masticación.
- Bostezo.
- Cansancio.
- Nerviosismo.
- Lectura.
- Espera.
- Fracaso.
- Éxito.
- Jadeo tras una carrera.

Las manos. El tacto

El contacto de una mano equivale a toneladas de discurso. Tócame y te diré quién eres.

Ejercicio 79

«La estatua», ejercicio con dos participantes. Uno de ellos imagina que es un bloque de arcilla (o un montón de yeso) y se deja moldear, esculpir por su compañero. Este ejercicio obliga al esculpido a permanecer inmóvil y estar relajado para que el escultor lo esculpa a su gusto. A continuación, el esculpido se convertirá en escultor.

Variante: un solo escultor podrá crear un conjunto escultórico modelando varios participantes; el escultor modelará a un participante de una manera determinada, y este deberá adivinar qué representa.

Ejercicio 80

Formar grupos de cinco o seis personas. Uno de los participantes, con los ojos cerrados, esperará a que uno de los miembros del grupo vaya a darle la mano e intentará adivinar de quién se trata.

Ejercicio 81

«El mensaje.» Todos los participantes forman un círculo, uno de cuyos miembros envía «un mensaje» no verbal a la persona que tiene a su derecha. La persona de la izquierda tendrá que recibirlo intacto.

Ejemplo de mensaje no verbal: dos presiones consecutivas sobre la mano del compañero de derecha; un leve temblor; dos giros de muñeca...

Ejercicio 82

En grupos de cuatro o cinco personas, uno de los participantes se tumba en el suelo con los ojos cerrados. Los otros miembros del grupo le envían un mensaje no verbal. La persona tumbada tendrá que adivinar quién es el mensajero. Ejemplos de mensajes no verbales: ternura; indiferencia; ira; sadismo; burla.

Ejercicio 83

«Tócame.» En parejas, cada uno debe descubrir al otro con el tacto.

- ¿Cómo lo toca?
- ¿Con las palmas de las manos, con las puntas de los dedos?
- ¿Por todas las partes del cuerpo?
- ¿Qué partes evita?
- ¿Durante cuánto tiempo?

Variante: intentar tocar al otro con el máximo número de partes del cuerpo (con el hombro, la nuca, los pies...).

Ejercicio 84

Crear un objeto imaginario en el aire y pasarlo de mano en mano hasta convertirlo en algo más grande y más pesado.

Ejemplo: empezar creando una caja de cerillas y convertirla en un piano.

La dificultad reside en mostrar la transformación del objeto sostenido entre sus manos por dos o más participantes.

Ejercicio 85

Uno de los miembros de un grupo de tres a cuatro personas tocará con una parte de su cuerpo (nuca, codo, mano, dedos de los pies, rodillas...), la espalda de los demás, quienes deberán adivinar con qué parte del cuerpo los han tocado. Este ejercicio agudiza la sensibilidad corporal y requiere mucha atención.

Ejercicio 86

Con las manos sobre los hombros de un compañero y el cuerpo inclinado hacia delante, ambos empujan con fuerza.

- Observar qué parte del cuerpo se tensa antes con el esfuerzo.
- Fijarse en quién para primero.
- ¿Se para debido al cansancio o porque la agresividad le da miedo?
- ¿Qué medios usamos para empujar más fuerte (espiración, gritos...)?

Ejercicio 87

Este ejercicio se basa en hacer lo contrario que en el anterior. Se trata de empujar a un compañero que se deja llevar, quien, con este ejercicio, se siente sumamente relajado.

Ejercicio 88

Variante del anterior, este ejercicio se realiza con tres participantes. Uno de ellos, de pie y muy erguido, se sitúa frente a un compañero y se deja caer en sus brazos. Este le empuja hacia los brazos del tercer participante que se encuentra detrás del primero. Este ejercicio requiere mucha confianza mutua y permite percatarse de la gravedad de una posible caída.

Ejercicio 89

En grupos de cuatro o cinco, uno de los participantes con los ojos vendados intentará reconocer dos manos idénticas entre todas las manos mezcladas colocadas sobre el suelo.

Ejercicio 90

Con la palma derecha hacia arriba, formar un cero con el pulgar y el índice doblados. Formar luego el número dos con los mismos dedos de la mano izquierda, manteniendo los otros dedos doblados. El ejercicio consiste en crear el cero con la mano izquierda y el dos con la derecha, e ir intercambiándolos lo más rápidamente posible. Este ejercicio requiere mucha atención y estimula la destreza.

Ejercicio 91

Sólo con las manos efectuar:

- Distintos movimientos: rotación, curva, línea recta.
- Distintas figuras: círculo, cuadrado, triángulo, etc.
- Distintos objetos: timón, hoja de árbol, pájaro, espejo, etc.
- Distintos sentimientos o expresiones: puño cerrado por la ira, manos abiertas de generosidad, etc.

Ejercicio 92

Utilizar sólo la mano para expresar los tres modos:

- Relación.
- Representación.
- Identificación.

Ejemplos:

- La mano es una hoja cayendo de un árbol: identificación.
- La mano arranca la hoja de un árbol: relación.
- La mano muestra cómo cae la hoja de un árbol: representación.

Ejercicio 93

Expresar distintos gestos populares: la *V* de victoria; el puño cerrado de la revolución; la mano levantada fascista... Expresar y analizar los eslóganes que pueden acompañar estos gestos.

Ejercicio 94

Expresar con el gesto distintas situaciones comunes, es decir diferentes formas de comunicarnos: el dedo índice extendido puede significar «ve allí»; la mano en movimiento, «cuidado, pórtate bien»; el puño cerrado dirigido a alguien, «voy a romperte la cara» o «ven a pelear si eres un hombre».

Ejercicio 95

Expresar con las manos las distintas maneras de decir buenos días, hasta luego, según:

- La intensidad (un buenos días sincero, tímido, amistoso, rutinario...).
- El sentimiento (de amistad, de desconfianza, de indiferencia...).
- El medio social (obrero, campesino, alta burguesía, artista...).

Ejercicio 96

Trabajar sobre el simbolismo de los dedos y de las manos, y jugar con su significado:

- Poner la mano en el fuego.
- Meter el dedo en la llaga.
- Venir como anillo al dedo.
- Chuparse los dedos.
- Echar una mano.
- Estar en buenas manos.
- Estar mano sobre mano.

Ejercicio 97

En este ejercicio los participantes experimentarán con los distintos tactos posibles: tentar, palpar, manosear, acariciar, sobar, magrear, presionar, frotar, rascar, aplastar, hundir, pellizcar, arrugar, coger, asir, acariciar, masajear...

Ejercicio 98

Distintas percepciones del tacto: áspero, rasposo, liso, untuoso, blando, duro, frío, caliente, rugoso, liso, aceitoso, mullido, flácido, rígido, ardiente, glacial, satinado, jabonoso, sedoso, flexible, duro, tibio, helado, desigual, igual, grasiento, templado, liviano, aterciopelado, pegajoso, pastoso, erizado, nudoso, terso, pulido, homogéneo, plano, etc.

Ejercicio 99

La finalidad de este ejercicio consiste en observar el sentimiento que se crea (la emoción, el estado de ánimo) al entrar en contacto con un compañero:

- Nuca contra nuca.
- Espalda contra espalda.

- Manos unidas.
- Pies contra pies.
- Hombro con hombro.
- Cabeza sobre barriga.

Ejercicio 100

Con un solo dedo, uno de los participantes escribe sobre la espalda del otro un número, una letra, una frase, un dibujo, etc., y este deberá adivinar lo escrito.

Ejercicio 101

Un participante seguirá con las manos el contorno del cuerpo de su compañero y lo reproducirá en el espacio delante de él. ¿Lo reproduce más grande, más pequeño, más gordo?

Ejercicio 102

Ejercicio sencillo consistente en andar por el espacio de trabajo lo más rápidamente o lentamente posible. ¿Con cuál de las dos formas de caminar evitamos al otro, no lo tocamos?

Ejercicio 103

Cuando se forme el grupo de expresión corporal, todos los participantes tendrán los ojos vendados; al tacto y sin hablar deberán reconocer al compañero con quien entran en contacto.

El espacio

Concedámonos los medios para expresar nuestro espacio interior.

Ejercicio 104

Este primer ejercicio consiste en pasear por el espacio de trabajo con los ojos vendados y luego abiertos.

Hacer que los participantes adquieran conciencia de:

- Si evitan el contacto con los otros.
- Cómo evitan este contacto.
- Si entran en contacto.
- Cómo entran en contacto.
- Hacerles ir hacia un punto concreto (reconocimiento del espacio).

Ejercicio 105

Después de un tiempo de relajación, los participantes deben imaginar que se encuentran dentro de una caja. La propuesta será: ¿cómo salir y cuánto se tarda?

Observaciones: forma de la caja, dimensiones, color...

Ejercicio 106

Este ejercicio consiste en que los participantes vayan andando por el espacio de trabajo creando y evitando obstáculos imaginarios. ¿De qué obstáculos se trata (objetos, personas)? ¿Cómo los evitan?

Ejercicio 107

Dentro del lugar de trabajo, un participante crea su propio espacio, que puede ser imaginario o bien delimitado por distintos objetos.

Podrá representar una habitación, un salón de juegos, una celda, es decir, cualquier lugar en que el participante desearía estar.
Uno tras otro, cada miembro del grupo irá al espacio creado. ¿Cómo reaccionará el participante? ¿Cómo se comportarán los compañeros? ¿Invitación? ¿Rechazo? ¿Destrucción? ¿Armonía?

Ejercicio 108

Una vez sean conscientes de qué es la energía, los participantes, por parejas, tocarán, percibirán el «espacio energético» del otro. ¿A qué distancia lo perciben? (Intentar que recuerden a qué distancia se colocan en la vida diaria para hablar con alguien.)

Ejercicio 109

Colocar un objeto en el centro del espacio de trabajo (un pañuelo, una silla...). ¿Qué va a hacer el participante con este objeto?

Ejercicio 110

Trabajar con las distintas posibilidades de hacer ejercicios a partir de una noción abstracta del espacio.

- Espacio redondo: seno, la vida, plato.
- Cojo: carencia, desequilibrio, vejez.
- Extranjero: miedo, comunicación, curiosidad.
- Compartimentado: curso, casa, científico.
- Incómodo: miseria, ejército, agujeros en vestidos.
- Creciente: respiración, progreso, universo.
- Espacio vacío: muerte, tontería, miedo.
- Cotidiano: desayuno, risas.
- Reduciéndose: miedo, muerte.
- Familiar: perro, hogar, zapatillas, cama.
- Atestado: buque, enfermedad, temor.
- Maléfico: demonio, veneno, nazi.
- Espacio de ensueño: ???...

Ejercicio 111

Trabajar con la noción concreta de espacio:[1]

- Soterrado: sótano, pozo, subterráneo, agujero, alcantarilla, desagüe, cueva, tubo, humedad, canalización, sepultura, hueco, moho.
- Aéreo: burbuja, copo de nieve, hoja, ligereza, pluma, humo, postigo, viento, cosmonauta, nube, niebla, soplo, respiración, aire, vapor.
- Rectilíneo: álamo, tirante, aguja, barra, vara, reja, lápiz, cohete, regla, barrote, espina, autopista, raíl.
- Redondo: huevo, tapadera, compás, rueda, globo, nido, círculo, platillo volante, bol, concha, pelota, revolución, manzana, halo, bocal, luna llena, naranja.
- Plano: espejo, placa, mesa, cristal, lámina, hielo, lago, techo, canal, pared, lancha, llanura, plato, lenguado.
- Mullido: muelle, resorte, rebote, esponja, elástico, caucho.
- Pesado: duro, piedra, plomo, roca, compacto, hierro, diamante, masa.
- Inmenso: océano, azul, cielo, vuelo, universo, meseta, gigante, cosmos, infinito, desierto.

Para los ejercicios 110 y 111, los participantes podrán realizar un ejercicio corporal a partir de una palabra de las series dadas. También podrán hacerlo a la inversa, es decir, ejecutar un juego corporal para que los demás miembros del grupo adivinen qué palabra (o series) quieren representar.

Ejercicio 112

En este ejercicio se propinen las distintas formas de andar (véase también el apartado sobre la postura del cuerpo):

- Dar el máximo de pasos para atravesar el espacio de trabajo.

1. Véase *L'expression corporelle à l'école* de Bertrand y Dumont (Éditions J. Vrin).

- Dar el mínimo de pasos.
- Andar con suma lentitud.
- Andar lo más rápido posible.
- Andar sobre los talones; de puntillas; con los laterales internos y los externos; apoyando toda la planta del pie.
- Atravesar la sala andando de espalda.
- Atravesar la sala con los ojos cerrados.
- Todos los participantes en fila y mirando hacia adelante atravesarán la sala permaneciendo alineados.

Ejercicio 113

Dibujar en el espacio espirales, escribir una palabra, una letra, una frase con todo el cuerpo.

Ejercicio 114

Este ejercicio consiste en formar un grupo «muy compacto» (tanto corporal como psicológicamente). Un participante intentará entrar en él. ¿Cómo lo hará? ¿Con artimañas, a la fuerza, mediante la seducción, la inercia, con decisión?

Ejercicio 115

En este ejercicio hay que imaginar que el lugar de trabajo se transforma en una gran balanza. Si una persona se coloca sobre un platillo, el otro forzosamente se desequilibrará. Otra persona deberá situarse sobre este último para reequilibrar la balanza y se pondrá a la misma distancia del primero en relación al centro. Luego se incorporan una tercera, una cuarta persona, etc.
Este ejercicio mejorará la noción de distancia de los participantes, que adquirirán conciencia de equilibrio de grupo, aumentarán la agudeza del sentido de la observación y aprenderán a reaccionar rápidamente en determinadas situaciones.

Ejercicio 116

Serie de ejercicios para caminar, correr, saltar, que se realizarán en el espacio de trabajo con diferentes ritmos y músicas.

Este tipo de ejercicios son tan numerosos y conocidos que no vamos a repetirlos aquí.

Por ejemplo:

- 1-2-3-4: adelantar un paso con cada tiempo,
- 5-6-7-8: levantar las manos con un tiempo, bajarlas con el segundo...

De hecho, existen todas las combinaciones posibles entre los movimientos de las partes del cuerpo (cabeza, brazos, manos, piernas, pies...) y un determinado ritmo. Estos ejercicios son la base de la preparación para la danza ya sea clásica o moderna. Personalmente, me gusta más utilizar les ritmos respiratorios ligados a determinados movimientos:

- Primera inspiración: levanto la cabeza.
- Primera espiración: empujo la mano derecha delante de mí.
- Segunda inspiración: bajo la cabeza.
- Segunda espiración: empujo la mano izquierda delante de mí.
- Tercera inspiración: doy un paso.
- Tercera espiración: doy dos pasos y vuelvo a la primera inspiración.

Estos ejercicios permiten mejorar el control del gesto prestando especial atención a la respiración, y, a la larga, el control de la respiración permite una mejor utilización de nuestra energía.

Las improvisaciones

Vivir cada instante de la vida como una nueva aventura.

- Improvisar: hacer algo de pronto, sin estudio ni preparación.

Después de haber trabajado durante varias sesiones las bases de la expresión corporal a través de ejercicios sencillos y variados, los participantes podrán expresar su mundo interior, dar cuerpo a su imaginación y, apoyándose en bases sólidas y con improvisaciones, podrán suprimir lo superfluo y centrarse en lo esencial. Se producirá así un ahorro de energía en la expresión: ¿por qué lanzar un gran discurso cuando basta una palabra para aclarar, explicar una idea, una situación? ¿Por qué matarse, sudar sangre y lágrimas en el espacio de trabajo cuando un gesto pausado, una expresión inmóvil crean un impacto emocional tan fuerte y armónico?

Ejercicio 117

Varios participantes abrirán una puerta imaginaria.

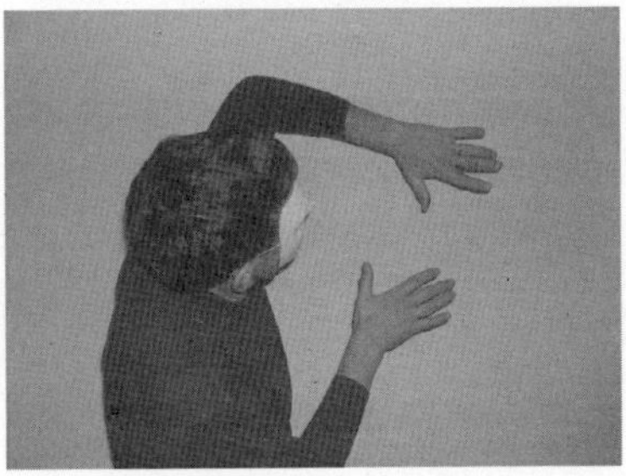

- ¿Quién está detrás?
- ¿Cómo encadenar la sucesión de lugares?
- ¿Hay un guía?
- ¿Cómo acaba la improvisación?
- ¿Cuánto dura?

Ejercicio 118

Uno o varios participantes aterrizan en otro planeta. ¿Qué escenarios van a construir?

Observar en todas las improvisaciones:

- ¿Cómo termina?
- ¿Quién «dirige» la improvisación?
- ¿Se producen intercambios armoniosos?
- ¿Cuánto dura?

Fijarse en los gestos, las palabras, las risas... que se producen al margen de la improvisación.

Ejercicio 119

Uno tras otro, los participantes se convertirán en vedettes, a cuyo alrededor los miembros del grupo se transformarán en:

- Representantes artísticos, admiradores.
- Periodistas, fotógrafos.
- Policía, empresario.
- Muchedumbre.

Ejercicio 120

Un/a participante intentará seducir a otro/a.

- En la calle.
- En el restaurante.
- En la cafetería.
- En la biblioteca.
- En el coche.
- En el aula.
- En el cine.
- En la discoteca.
- A través de una agencia matrimonial.
- En casa de unos amigos, en una comida, en una fiesta...

Ejercicio 121

En este ejercicio dos participantes seducirán a una participante.

- ¿Qué relación van a tener?
- ¿Complicidad masculina?
- ¿Rivalidad?

Ejercicio 122

Cada miembro de una pareja se pondrá en el papel de un personaje a elegir entre las propuestas de la siguiente lista. A medida que el juego avanza, cada uno de ellos se pondrá en el papel del otro.

- El niño se transformará en adulto; el adulto en niño.
- El avaro en altruista.
- El mendigo en director general.
- La mojigata en prostituta.
- El amante cariñoso en dominador.
- El santo en libertino.
- La empleada del hogar en dueña de la casa.
- El alumno en profesor.
- El pesimista en optimista.
- El animal del zoo en visitante.
- La víctima en verdugo.
- El hombre en robot.

Ejercicio 123

Este ejercicio se base en la representación de conflictos o de contrarios. Cada miembro de la pareja representará un personaje en conflicto con el otro.

- Obrero frente a patrón.
- Niño frente a los padres.
- Revolucionario frente a conservador.
- Optimista frente a pesimista.

- Gato frente a perro.
- Lobo frente a cordero.
- Pacifista frente a belicista.
- Chiflado frente a sensato.

Ejercicio 124

Continuar el ejercicio de los contrarios pero con varios participantes en cada campo.

- Guerra de trincheras.
- Guerrilla urbana.
- Dos bandas rivales de malhechores.
- Aficionados al jazz contra roqueros (trabajar con los dos ritmos).
- Fascistas frente a revolucionarios.

Ejercicio 125

En este juego de contrarios se disponen dos sillas frente a frente en el espacio de trabajo. Un/una participante solo/sola interpretará sus dualidades, es decir, se responderá a sí mismo/a cambiando de silla.

Ejemplo:

- Soy muy tímido/a.
- No seas tonto/a, no es verdad; eres una persona muy segura de ti misma.
- Sí, pero me cuesta mucho no ruborizarme.
- Porque te pones nervioso/a.

Ejercicio 126

En el «juego de robot» dos o más participantes intentarán hacer reír a otro, que se transformará en un robot (¡¡¡prohibido tocar!!!).

Ejercicio 127

Los participantes en el «juego de la escafandra» se imaginarán que están sumergidos en agua (río, mar, lago…).

- ¿Qué sucederá?
- ¿Qué harán?
- ¿Qué encontrarán?

Este ejercicio de improvisación obligará a los miembros del grupo a actuar al ralentí, y por tanto a estar muy pendientes de la lentitud de sus gestos.

Ejercicio 128

Un participante jugará con un osito de peluche, con una muñeca o con cualquier objeto infantil. El participante evolucionará de niño a adulto. ¿Cómo se transformará su objeto?

Ejercicio 129

Uno a uno, los participantes desarrollarán un monólogo a partir de un cliché cultural del tipo:

- Todos los melenudos consumen drogas.
- Todos los árabes son terroristas.
- Todas las personas casadas son burguesas.
- No soy racista, pero no permitiría que mi hija se casara con un negro.

Ejercicio 130

Por turnos, los participantes se verán atrapados en una trampa, rodeados de amenazas, ya la intimidación del grupo o de algo imaginario (la oscuridad de la noche, una selva virgen, una casa encantada...).

Ejercicio 131

Los participantes escucharán música en una inmovilidad absoluta. Se trata de notar, de sentir qué parte del cuerpo es la primera que quiere moverse.

- Se propondrán distintos tipos de música.
- Se propondrán distintas tonalidades para cada música.

El volumen de la música también será importante.

Ejercicio 132

En el espacio de trabajo, correr solo o en grupo expresando:

- Una gran alegría.
- Una profunda rabia.
- Un miedo atroz.
- Una cita muy importante.
- Siendo perseguido por alguien que te quiere atacar.

Ejercicio 133

Cada miembro del grupo se transformará, se meterá en la piel de un vegetal, que se transformará en un animal y este otra vez en un ser humano.

En este ejercicio hay que estar muy atento a las sensaciones de los participantes. ¿En la piel de qué personaje se siente mejor o peor?

Ejercicio 134

Uno solo, en parejas o varios participantes a la vez elegirán un tema de la vida cotidiana y la interpretarán añadiéndole un elemento insólito.

Por ejemplo:

- Una pareja llega por la noche a su casa tras una larga jornada de trabajo y se encuentra allí con un cosmonauta llegado de otro planeta.
- Una persona coge el autobús cada mañana para ir a trabajar y se encuentra con que se dirige a un destino desconocido.
- Una pareja está cenando y mirando la televisión tranquilamente en su casa y llega una persona que se comporta como si fuera la propietaria de la casa.

Ejercicio 135

Tras escuchar una pieza de música, un grupo de participantes representará una escena basada en el tema musical escuchado.

Ejercicio 136

Los participantes formarán un círculo cogidos de la mano e imaginarán que son peces atrapados en una red de la que quieren escapar (o animales salvajes...). No tendrán que soltarse de las manos a lo largo de todo el ejercicio.

A continuación propongo una serie de situaciones, es decir momentos concretos, un fragmento de realidad cotidiana o extraordinaria que puede ser real o imaginario.

Estas improvisaciones pueden trabajarse a tres niveles:

- Modo figurativo o realista: los participantes representan la situación tal como podría producirse en la realidad.
- Interpretación crítica: la situación se representa de forma satírica, caricaturesca, grotesca, irónica, cómica.
- Transfiguración lírica: la situación se representa de tal forma que todos los gestos y todas las palabras se amplifican, llegando incluso a la interpretación trágica.

Todas las secuencias de estas situaciones también pueden interpretarse al ralentí o de forma acelerada.

Por último, la lista de propuestas puede ser interminable ya que se basa en la vida misma.

Propongo cuatro frases para cada improvisación:

- La observación del mundo.
- La recreación, la improvisación propiamente dicha.
- La crítica de esta improvisación.
- Repetición de la interpretación intentado suprimir todo lo inútil para presentar solo lo esencial.

Ejercicio 137

- Estar en la calle cuando hace mucho frío.
- Estar en la calle cuando hace mucho calor.
- No haber comido nada en varios días.
- Estar empachado tras una comida pantagruélica.
- Buscar dónde alojarse: en plena noche, en una gran ciudad, en un bosque.
- Entrar en un bar lóbrego.
- Estar en compañía de delincuentes.
- Coincidir con dos personas que no hablan el mismo idioma.
- Visitar una vidente.
- Estar en una sala de espera: en una consulta médica, en una estación.
- Una comida: solo, en pareja, en una boda, en un funeral, entre amigos, en un almuerzo de negocios, un picnic.
- Salir de un centro psiquiátrico tras tres meses de internamiento.
- Choque de dos coches: sube el tono de ambos conductores.
- Llegada de improvisto de los padres a una fiesta sorpresa para anunciar la muerte de un compañero.
- Ponerse en el lugar del monitor del grupo de expresión corporal.
- Una persona pretende montar una bronca y se encuentra con un grupo de amigos.
- Locos en el patio de un manicomio.
- Inicio de un incendio en unos grandes almacenes.
- Viaje en el compartimiento de un tren.
- Proceso judicial (juez, abogado de la defensa, fiscal, testigo, jurado, acusado…).
- Consejo de disciplina.

(Para estos dos últimos ejercicios, los participantes establecerán los motivos de la inculpación.)

- Una persona pide limosna en la calle. Reacciones de los peatones.
- El ritual del consumo de drogas (liar un cigarrillo, preparar una jeringa…).
- Descubrimiento por primera vez del mar, de la montaña, de un monumento, de un tesoro.
- Rotura de un objeto de gran valor en una tienda.
- Interrogatorio en la comisaría de policía (también en este caso, establecer los motivos de la detención).
- Después de un golpe de estado, imponer varias leyes: prohibición de hablar en público, de cogerse de la mano.
- Persona represaliada en un entorno hostil (judío durante el nazismo; negro en un barrio blanco de EE.UU.; comunista en EE.UU. en los años 1950; hippie en 1955).
- Huelguistas en una fábrica de armamento.

El trabajo especializado

No me importa lo que observo sino la relación, el contacto que tengo con este objeto.

La escenificación de situaciones, improvisadas o no, pueden ser trabajadas y profundizadas, a base de perfeccionar la observación y la reflexión sobre esa parte de la realidad y de esta forma multiplicar, diversificar y encontrar diferentes ramificaciones.

Para ilustrar este tipo de trabajo he escogido tres ejemplos:

- Diferentes formas de alimentarse.
- Distintas maneras de expresarse verbalmente.
- Un trabajo sobre la noción de locura.

Esta tarea más especializada debe permitir al participante investigar sobre el vocabulario y fijar la atención sobre un determinado tema. Los resultados de dichos estudios podrán ser presentados como actividades corporales (solo o en grupo).

Ejercicio 138

Ejemplo n.º 1: Diferentes formas de alimentarse:

a) *Vocabulario sobre nutrición*:
Mordisquear, atiborrarse, nutrirse, mamar, chupar, comiscar, tragar, probar, saborear, lamer, devorar, masticar, picotear, succionar.

b) *Expresiones sobre la nutrición*.
- Precipitarse sobre el plato.
- En una comida de trabajo.
- Estar a régimen.
- Comer como un cerdo.
- Comer a dos carrillos.
- Comer como un loco.
- Ser un catacaldos.
- Comer como un pajarito.
- Comer como un cosaco.
- Comer como un animal.

c) *Correspondencia entre el vocabulario sobre la alimentación y el animal*:
- Roer: ratón
- Rumiar: vaca
- Picotear: pájaro
- Devorar: león
- Succionar: oso hormiguero
- Tragar: cerdo
- Lamer: gato

d) *Lugares, situaciones o maneras de alimentarse diferentes*:
- En un banquete de boda.
- En un funeral.
- En un coctel.

- En un bar.
- Delante de la tele.
- En la cafetería del lugar de trabajo.
- En un restaurante.
- En una familia de la alta sociedad.
- En una familia de clase baja.
- En un internado.
- En una tribu.
- Entre esnobs.

e) *Evoluciones, transformaciones de la manera de alimentarse*:

- Desde la recolección, a las latas de conserva y congelados.
- Desde el bebé al anciano pasando por el adulto.
- Desde la comida tomada con las manos a la pinchada y cortada con refinados cubiertos.
- Revolución en el tiempo dedicado a la alimentarse (¿15 minutos, 1 hora, 1 hora y media?).

Gracias a este ejercicio se podrá apreciar cómo cambia la actitud corporal entre grupos sociales y culturales, como por ejemplo, la comida de un grupo de árabe, tomando cuscús con los dedos de un recipiente común. Por el contrario, en una familia de la alta sociedad, el señor y la señora de la casa comen separados por una larga mesa y rodeados de sirvientes.

Ejercicio 139

Ejercicio n.º 2: las diferentes maneras de expresarse verbalmente.

a) *Expresiones que se refieren a formas de hablar*:

- Hablar sin decir nada.
- Hablar por los codos.
- Hablar como un libro abierto.
- Hablar como un loro.
- Chillar como un cerdo.
- Hablar por hablar.
- Hablar a tontas y a locas.
- Hablar por gestos.

- Cantar a grito pelado.
- Cantarle las cuarenta a alguien.
- Hablar para uno mismo.
- Hablar a toda pastilla.
- Hablar entre dientes.
- No callar ni debajo el agua.
- Hablar con soltura.

b) *Correspondencia entre el vocabulario de expresión oral y los animales*:
- Aullar: el lobo
- Cacarear: la gallina
- Relinchar: el caballo
- Rugir: el león
- Balar: la oveja

c) *Lugares y situaciones en que la forma de expresarse puede ser diferente*:
- Entre esnobs.
- Entre gente mundana.
- Entre obreros.
- Entre campesinos.
- Entre políticos.
- Desde un estrado (un abogado, un político).
- Entre periodistas, médicos… (profesiones que tienen un lenguaje técnico, una jerga particular).
- Durante un evento deportivo.
- En una manifestación.
- En un encuentro amoroso.
- En una boda.
- En un teatro o un cine.
- En familia, entre amigos.

d) *Evolución, transformación de la manera de expresarse oralmente*:
- Cambio lingüísticos a través de los siglos.
- Desde un bebé a un anciano pasando por un adulto.
- Número de palabras del vocabulario corriente de un país.
- Los diferentes consonancias según las civilizaciones (árabe, china, rusa…).

Ejercicio 140

Ejemplo n.º 3: trabajo sobre la noción de locura.

a) *Vocabulario sobre la locura*:
Demente, enfermo, inconsciente, excitado, chalado, chiflado, alienado, desequilibrado, descarriado, grillado, poseído, neurótico, psicótico, loco, tocado, sonado, exaltado, histérico, excéntrico, idiota, tonto, perturbado, fanático, alienado, lunático, alocado, maniático, esquizofrénico, ido, majareta alucinado, desenfrenado, extravagante, divagación, pánico, enloquecimiento, pavor, incoherencia, aberración, descabellado, delirar, descarrilar, divagar, alucinación, frenopático, asilo, hospital psiquiátrico.

b) *Expresiones referentes a la locura*.
- Hacer el loco.
- Hacer el payaso.
- Perder el juicio.
- Perder la razón.
- Perder facultades.
- Perder el norte.
- Estar loco de amor.
- Estar loco de alegría.
- Estar loco por alguien.
- Volverse loco de rabia.
- Volverse loco de dolor.
- Tener un trabajo de locos.
- Tener delirios de grandeza.
- Gritar como un loco.
- Risa loca.

c) *Situaciones, transformaciones*:
- La vida en un manicomio.
- El tonto del pueblo; el bufón del rey.
- Enloquecer de amor; vivir un amor loco.
- Encuentro entre dos locos.

Una o más «locuras» en determinados contextos se convierten en algo normal en un ambiente diferente (se consideró locos a los primeros automovilistas ¿Cómo se percibiría ahora una lucha entre gladiadores?

La máscara

El adulto con su máscara olvida que, de niño, tenía un rostro.

De la mañana a la noche, todo el mundo lleva una máscara reflejo más o menos claro de las preocupaciones de cada momento. Es lo que llamo «la máscara social». Aquí se tratará de aligerarla, hacerla más flexible y luego se le devolverá su función de comunicación.

La otra máscara es la que, una vez fabricada, nos ponemos sobre nuestro rostro: los factores que parecen conducir a esta función son múltiples:

- Afán de construir otro mundo, irreal. Sin embargo, muy pronto comprendemos que, por el contrario, nuestra careta nos hace descubrir nuestra «esencia profunda» y que surjan nuestras verdades interiores.
- Fijar de forma permanente la característica principal de un personaje (congelar una determinada expresión fisonómica).
- Mostrar a los demás solo lo importante.
- Deseo de acentuar la unidad de un espectáculo.
- Búsqueda de un lenguaje universal.
- Vencer el tiempo para que solo quede el presente.
- Sorprender la imaginación y provocar un cierto sentimiento, atraer las miradas.
- Dar seguridad a un rol.

En este apartado se abordarán cuatro puntos básicos:

- El trabajo sobre el rostro.
- Las posibilidades de expresión de la máscara social.

- La elaboración de máscaras.
- Ejercicios con máscaras.

1. Trabajo sobre el rostro.
   En el capítulo 6 se estudia el masaje como preparación corporal, aunque tiene muchas otras funciones.[2] Por lo que se refiere al masaje de la cara, se pueden usar dos técnicas: el automasaje (también llamado do-in) o el masaje a otro (con las manos o más precisamente con los pulgares).
   a) El automasaje: a través del tacto, permite sentir tanto los huesos como la textura de la piel del rostro. Facilita la percepción de las tensiones y las crispaciones, y, a través de determinadas manipulaciones, disminuirlas, para como mínimo reducir sus consecuencias (rostro en tensión, crispado…) y aportar al cuerpo, al igual que todos los demás tipos de masajes, los beneficios de la relajación...
   b) Masaje a un compañero: los principios son los mismos que para el caso anterior, pero es el compañero quien, usando las manos como un utensilio, masajea la cara del otro. Este último se puede relajar mientras el primero observa cómo se transforma en un rostro, su forma, el color, los ojos, la boca, la textura de la piel…
2. Posibilidades de expresión de la máscara social.
   La cara posee múltiples posibilidades de expresión a pesar de que en los cambios de expresión solo intervienen tres elementos: la boca y las dos cejas. Ofrezco a continuación una lista de sentimientos cotidianos.

   Serenidad, felicidad, tristeza, sorpresa, preocupación, desconsuelo, desánimo, dolor, enfado, sarcasmo, furia, pereza, decepción, benevolencia, cálculo, indignación, timidez, sumisión, resolución, pena, inquietud, burla, desconfianza, escándalo, altanería, condescendencia, desprecio, sospecha, aburrimiento, desenfreno, hipocresía, socarronería, apertura, prudencia, vacilación, hastío, tensión, rigidez, obstinación, complicidad, interés, vejación.

2. Véase del autor *Yoga à deux* (Éditions Corlet).

Se pueden realizar ejercicios que consisten en cambiar rápidamente de expresión al oír una palabra lanzada por el monitor. Véase también el capítulo «el rostro, la mirada» ejercicios 65 a 78 (los ojos).

3. Ejercicios con máscara.
En los ejercicios con máscara, la personalidad, las sensaciones, los sentimientos que exigen el tema propuesto se deben trasladar al cuerpo con la mayor claridad y precisión posibles.
Esto llevará al alumno a pasar de lo concreto a lo abstracto, de la observación a la imaginación, de lo particular a lo general, de lo sencillo a lo complicado.

Ejercicio 141

Se enseñará al participante a colocarse una máscara (de lobo o neutra) con un solo movimiento: mientras la mano izquierda coge y cubre la máscara, la mano derecha coloca el elástico detrás de la cabeza.

Ejercicio 142

El monitor pronunciará una palabra y el alumno reflexionará sobre la idea trasmitida. Primero, sin moverse, y luego, poco a poco, pasará a transferir el sentido del término al cuerpo. Permanecerá un rato sin moverse en esa pose para que tome conciencia de ella y, tras una señal acordada, volverá a una posición relajada.

Ejercicio 143

En este ejercicio se propone el manejo de objetos ficticios. Todos los gestos deben ser lo más precisos y minuciosos.

- Pelar una manzana.
- Deshacer un nudo.
- Afeitarse.
- Ordenar libros.
- Llevar un cubo de agua (lleno o vacío).

- Secar los platos.
- Pintar un cuadro.
- Hacer media.
- Doblar un trapo.

Ejercicio 144: las sensaciones

El frío, el calor, el cansancio...

Ejercicio 145: actividad de los cinco sentidos

- Ver algo de cerca y de lejos.
- Oír un ruido violento, escuchar un sonido apenas perceptible.
- Tocar un objeto rugoso, liso.
- Oler una flor, una sopa.

Ejercicio 146: privación de un sentido

- Ser ciego.
- Ser sordo.
- Ser manco.
- Ser paralítico.

Ejercicio 147: los esfuerzos

- Lanzar o recibir algo pesado o ligero.
- Recoger algo pequeño o muy grande.
- Tirar de una cuerda.

Ejercicio 148: sentimientos sencillos

Alegría, tristeza, miedo, risa, mofa, curiosidad, ternura.

Ejercicio 149: las representaciones

- Volverse: un maniquí, una estatua, un anciano en un banco…
- Representar ideas: la fuerza, la gloria, la murmuración, la publicidad.

Ejercicio 150: cambios rápidos

El monitor ira diciendo de forma rápida palabras para que los alumnos vayan adoptando de forma inmediata posturas que reproduzcan la idea pronunciada. Se separará cada concepto con una breve pausa.

Ejercicio 151: cambios de personalidad

Se trata de pedir al alumno que observe y prepare un tipo humano bien definido, con una edad y una clase social precisa, un trabajo y un origen en especial, y que tenga una forma del cuerpo en concreto. En el último momento, el monitor propondrá un tema específico.

Una persona que está:

- En la sala de espera: del dentista.
- En el metro.
- En el cine.
- En un bar…

El maquillaje

Ejercicio 152

Maquillarse permitirá a los participantes acentuar determinados rasgos característicos que deseen subrayar, intentando siempre ser lo más concretos y simples posible. Así, a través del maquillaje, podrán elaborar una especie de máscara móvil, con la que volver a realizar los ejercicios precedentes y añadirles un toque de ironía, de burla, de tragedia.

- Usar un solo color.
- Luego, utilizar 2, 3, 4, 5 colores.
- Maquillar sólo los ojos, y luego los ojos y la boca...
- Maquillar un compañero para darle una determinado rasgo, que luego deberá descubrir al mirarse al espejo, qué representa y en qué se ha convertido.

La postura del cuerpo

Andar 10 metros o 100.000 kilómetros, lo importante es dar el primer paso.

El trabajo sobre la postura del propio cuerpo es, junto al conocimiento de uno mismo gracias al estudio de la fisiología y la anatomía, la faceta a la que doy prioridad en expresión corporal.

Colocar el cuerpo es:

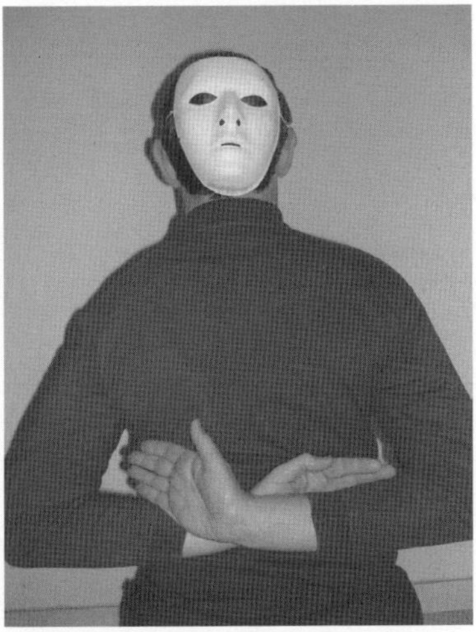

a) Situarlo en una posición buscada, consciente.
b) Localizar, sentir, impregnarse de su verticalidad.
c) Sentirse a gusto, cómodamente instalado en la postura escogida.
d) Disminuir las tensiones, las crispaciones.
e) Notar todos los puntos de contacto con el suelo.
f) Encontrar una postura en la que sentirse disponible.
g) Hallar o desarrollar nuestra globalidad.

a) *Situarlo en una posición buscada, consciente.* La sociedad actual se encuentra dividida entre aquellos que no tienen conciencia de su cuerpo porque su mente vaga por el pasado o el futuro y aquellos que tienen más o menos presente su cuerpo pero cuya espalda no mantiene una posición demasiado vertical: estos tienen la espalda arqueada, la cabeza situada hacia delante, las cervicales tirantes y una curvatura lumbar exagerada. Por tanto, el primer paso será tomar conciencia de la forma que adopta el propio cuerpo (cómo está mi espalda, mi cuello...): En este primer momento el monitor deberá actuar como espejo.

b) *Localizar, sentir, impregnarse de su verticalidad.* Cuando se observa a la gente que nos rodea, se puede ver que su postura corporal es muy diversa. Sin entrar en la morfopsicología, no cabe duda que la actitud corporal corresponde a la mental (o psicológica o psíquica).

c) *Sentirse a gusto, cómodamente instalado en la postura escogida.* De todos modos, existen distintas maneras de ponerse en posición vertical. La primera puede ser muy rígida, con el cuerpo tenso, crispado. La segunda puede deberse a una actividad corporal, pero dando la impresión de que la persona está petrificada, metida en una estructura que le resulta incómoda, como si fuera obligatoria. Por último, la tercera posición, aquella en que la persona está derecha sin rigidez, con la sensación de bienestar que proporciona la complementariedad: relajamiento interior/firmeza exterior.

d) *Disminuir las tensiones, las crispaciones.* Nuestro cuerpo, todo nuestro ser, está sumergido día y noche en determinado entorno, que, aunque no queramos, nos moldea, nos agrede, y las tensiones se acumulan en puntos del cuerpo muy localizados, muy concretos, diferentes según cada individuo. Se trata de realizar distintos ejercicios para relajar la musculatura, complemento indispensable para la relajación psíquica. En la actualidad existen prácticas sumamente variadas (véase el capítulo 8, apartado Actividades corporales varias). El bienestar, la relajación requieren quizá no tanto una práctica diaria, sino una gran regularidad para acostumbrar el cuerpo al trabajo: es preferible relajarse cinco minutos cada mañana que participar en un fin de semana o en una jornada de relajación de vez en cuando a lo largo del año.

e) *Notar todos los puntos de contacto con el suelo.* En las páginas siguientes propongo una serie de ejercicios para tomar conciencia de la posición del cuerpo al andar (al desplazarse). El cuerpo no puede alcanzar una buena posición (verticalidad de la columna vertebral) sin notar claramente lo que podría llamarse un «enraizamiento». El contacto con el suelo, con «la tierra madre» debe percibirse muy netamente, ya que la adecuada colocación de la planta del pie es fundamental para todas las actividades de la vida cotidiana.

f) *Encontrar una postura en la que sentirse disponible.* Disponible: *dicho de una cosa, que se puede disponer libremente de ella o que está lista para usarse.* Cabe afirmar que el ser humano se encuentra casi siempre sumido en sus preocupaciones, ya sea relativas al momento, al pasado o al futuro. Ello se traduce en una especie de ceguera en relación a lo que pasa «aquí y ahora».

Nos dejamos arrastrar por la mente, en la que se manifiestan todo tipo de asociaciones de ideas. Corporalmente, la mirada se dirige al suelo, la espalda está un poco curvada, como si todo el peso del mundo recayera sobre nuestros hombros, nos replegamos sobre nosotros mismos. Esta actitud nos cierra al mundo, a los demás.

Así pues, la posición de disponibilidad del cuerpo es, lógicamente, de apertura (véase p. 66). En esta postura, las plantas de los pies se encuentran sólidamente asentadas en el suelo, lo que nos produce la sensación de «enraizarnos», como un árbol cuyas ramas buscan la luz del sol mientras sus raíces penetran profundamente en la tierra.

El vientre y las nalgas están relajados, en tanto que quedará móvil la pelvis de donde parte la columna vertebral, a la vez flexible y sólida.

Las palmas de las manos están abiertas. (En esta postura se abrirán los espacios intercostales y claviculares.)

Se mantendrá la barbilla ligeramente inclinada hacia el cuello, lo que permite estirar el cráneo hacia arriba, al tiempo que disminuye la curvatura cervical.

Como podemos ver, esta posición de pie corresponde a la postura clásica de relajación del yoga (los pies están más relajados porque este ejercicio se realiza tumbado sobre la espalda).

g) *Hallar o desarrollar nuestra globalidad.* Cuanto más se desarrolla la globalidad del ser, menor importancia tiene la dualidad entre el mundo interior y el exterior. Cuando uno finalmente «se realiza», se manifiesta esta unidad, esta unión total, lo que significa que tomamos conciencia de que el ser humano es un microcosmos, una ínfima parte (pero indispensable) del macrocosmos. Cada ser humano es en sí mismo un universo. Por lo demás, ¿acaso no contenemos todos nosotros todos los elementos y los cuatro reinos (mineral, vegetal, animal y humano)?

Podemos así concluir fácilmente que el simple hecho de fijar nuestra atención en la postura del cuerpo, puede conducirnos por distintos caminos: la biología, las ciencias humanas (sociología, psicología...) y la metafísica.

Ejercicio 153

Este primer ejercicio consistirá en andar lo más lentamente posible para tomar conciencia de la planta de los pies: ¿qué parte del pie pongo primero en el suelo? ¿Ando apoyando la parte interna o externa del pie? ¿Qué consecuencias tiene el hecho de andar lentamente en mi actitud corporal? (posición de mi columna vertebral, donde va dirigida mi mirada).

Ejercicio 154

Para que lleguen a sentir más los pies, los participantes andarán sucesivamente sobre:

- Los talones.
- Los dedos de los pies.
- La zona interior del pie.
- La parte exterior del pie.
- Aplastando la planta del pie desde el talón a los dedos.

Ejercicio 155

Los participantes andarán por toda la sala y cada vez que el monitor nombre una parte del cuerpo esta quedará bloqueada y se convertirá en una especie peso muerto.

Cuando prácticamente todas las partes del cuerpo hayan sido nombradas, se hará el ejercicio inverso, de forma a devolver al cuerpo toda su movilidad.

Ejercicio 156

Con la máxima lentitud posible, los alumnos pasarán desde la posición fetal a estar de pie. Durante ese tiempo (el ejercicio durará de 10 a 30 minutos) los participantes se centraran en las partes de cuerpo que noten más tensas o de las que pierdan el control.

Para aumentar la dificultad, se podrá acompañar este ejercicio con música que contenga frases muy rápidas. (No participantes deberán dejarse llevar por el ritmo de la música).

Ejercicio 157

Un participante enseñará a otro a andar. Este último se convertirá, por ejemplo, en un robot o en una marioneta a quien se quiere dar apariencia humana. ¿Cómo lo hará el profesor?¿Cómo le señalará lo que debe hacer, con palabras, por imitación? ¿Usará el tacto, es decir, le cogerá el pie y se lo colocará donde desee?

Ejercicio 158

Para poder sentir mejor los diferentes mecanismos corporales que actúan cuando se realiza un movimiento, los participantes podrán reproducir las actividades más familiares de la manera más lenta posible.

1. Diferentes movimientos propios del atletismo o de actividades deportivas:

    - Lanzamiento de peso, de jabalina.

- Salida de una carrera.
- Saltos (de longitud o altura).
- Tiro con arco.
- Movimientos de golf.

2. Gestos de la vida cotidiana presente o pasada:
   - Sacar agua en un pozo.
   - Sembrar.
   - Recolectar la cosecha.
   - Serrar madera.
   - Trabajar en una cadena de montaje.
   - Dar paladas.
   - Servirse una copa.
   - Escribir una carta en el despacho.

Ejercicio 159

Estas propuestas pueden integrarse en el capítulo «trabajo especializado» ya que se trata de vivir diferentes formas de andar, de desplazarse.

a) Vocabulario sobre el movimiento:
Trotar, galopar, largarse, pasearse, vagar, callejear, deambular, errar.

b) Expresiones sobre la forma de andar:
- Andar pisando huevos.
- Marcar de paso.
- Andar de un lado para otro.
- Andar de puntillas.
- Andar a zancadas.
- Andar derecho.
- Andar como un pato mareado.
- Andar con las manos.
- Caminar juntos.
- Moverse a hurtadillas.

c) Correspondencia entre el vocabulario de la forma de andar y el mundo animal:
- Libre: correr

- Caballo: trotar, galopar
- Rana: saltar
- Serpiente: deslizarse
- Mono: andar

d) Lugares y situaciones en las que las formas de desplazarse son diferentes:

- Andar por el bosque.
- Una marcha militar.
- Andar entre una multitud.
- Andar solo, por la playa, en la nieve, sobre cristales, sobre piedras.
- Andar deprisa (cuando se llega tarde a una cita).
- Andar cuando se tiene miedo.
- Andar con altanería.
- Andar como un esclavo, un rey, una estrella del rock, como un pordiosero o un marinero.

e) Evolución, transformación de la manera de andar:

- Comparar las diferentes sensaciones entre andar con los pies descalzos, en zapatillas, con botas militares, botas normales o sandalias.
- Examinar cómo cambia la forma de andar según la forma de vestir: al ponerse una sencilla toga, un gran cinturón alrededor de la cintura. Comparar un slip, bóxer, short.
- Analizar de qué forma cambia la manera de andar según la época o la cultura. Como por ejemplo las mujeres chinas que se envolvían los pies para que no crecieran; en los años cincuenta las mujeres occidentales llevaban tacones de aguja o la influencia de la educación de las mujeres en la forma que andan.
- Finalmente, se debe estudiar cómo anda un niño y ver su lenta y gradual transformación en adulto.
- En cuanto a los ancianos, esperemos que la afirmación de que tienen muchas dificultades para desplazarse solo sea un cliché cultural. ¿Por qué no pensar que una persona de 70 años pueda tener un cuerpo alerta, una columna vertebral derecha y con una visión renovada y brillante del mundo, reflejo de su vida interior?

2

COMENTARIOS SOBRE LOS EJERCICIOS PROPUESTOS

La clasificación de los ejercicios en el capítulo anterior tiene como finalidad ayudar a los monitores y a los profesores a utilizar esta guía práctica, y también dar a los lectores una visión clara de las vivencias en una sesión de expresión corporal. (Véase también el capítulo 4 «Preparación del cuerpo» y el capítulo 5 «Iniciación a la creación colectiva».) Sin embargo, cabe destacar que cualquier situación permite desarrollar la imaginación y expresarla a través del cuerpo. Las situaciones más sencillas, las más banales y cotidianas son las que comportan los temas de reflexión más útiles para ser luego eventualmente desarrollados. Hasta tal punto lo cotidiano forma parte de nuestra personalidad que muy a menudo resulta difícil tener perspectiva cuando se trata de representar un «segmento de realidad». Esto comporta por parte del monitor y de los participantes una observación constante de todas las manifestaciones de la vida: la eclosión de una rosa, la forma de andar de un borracho, los viajeros del compartimiento de un tren o las personas sentadas en la terraza de una cafetería. Pero la observación constante no significa voyeurismo. La observación no sólo es activa sino que necesita saber qué se va observar; más aún, también hay que aprender a mirar, lo que significa disciplinar el espíritu para controlar nuestra visión. Las personas que aprenden expresión corporal, si son exigentes consigo mismas, conservan en la memoria los ejercicios propuestos durante una sesión, y los enriquecen, los reafirman a través de la observación de lo cotidiano. (Pensemos, por ejemplo, en todos los ejercicios relativos a la postura del cuerpo y más especialmente en las distintas formas de andar.)

Al igual que con cualquier otra disciplina, todos los ejercicios propuestos deben realizarse de forma progresiva. Hay que progresar desde lo más sencillo a lo más complejo, de lo particular a lo general, de lo concreto a lo abstracto, de la observación a la imaginación. Esta progresión también debe darse cuando se trabaja en grupo: el alumno debe, ante todo, «trabajar sobre sí mismo», es decir, tener un mejor conocimiento de sí mismo, saber utilizar las numerosas capacidades de su cuerpo para, poco a poco, poder interactuar con uno, dos o varios compañeros. Pero no se trata de una regla absoluta, ya que cada alumno, inmerso en un grupo, podrá ir progresando gracias a la dinámica creada, en especial si se entrena con compañeros ya entrenados. Así pues, el monitor deberá planificar las sesiones de modo que los alumnos a veces trabajen solos y otras en grupo.

Todos los ejercicios propuestos requieren gran sinceridad por parte de los participantes, autenticidad que no siempre es posible debido a una especie de máscara, de caparazón que se forma ante las demandas, las exigencias de la vida social. Suele suceder a menudo que, en el transcurso de una sesión, una situación a priori banal se convierta en conflictiva y que incomode a uno o varios participantes. En este sentido es muy importante la noción de juego para distanciarse de una situación que, de lo contrario, resultaría demasiado angustiosa y podría arrastrar al grupo al psicodrama o la terapia. Esta posibilidad de trabajo es sumamente rica, interesante y enriquecedora, pero no la vamos a tratar aquí aunque la frontera entre las distintas técnicas sea muy tenue. Pretendo, sobre todo, desarrollar y favorecer relaciones sinceras entre los participantes gracias a todas las formas de comunicación posibles.

1. Comunicación por medio del tacto: gracias a la preparación del cuerpo con masajes y a los ejercicios en grupo, los participantes aprenden a estar en contacto con el otro de manera tranquila y armoniosa. Una serie de juegos sencillos obligan a los alumnos a prestar físicamente atención a sus compañeros y a controlar así sus propios gestos para que sean menos bruscos, menos brutales, menos mecánicos. Además, toman conciencia de que el tacto es un verdadero lenguaje y de que existe un enorme abismo entre lo que creen «decir» y lo que siente el otro. Pero a medida que van madurando, que van desarrollando su perso-

nalidad y su atención, el lenguaje de su tacto deviene más claro, más preciso. Por otra parte, al ser más conscientes de las implicaciones que pueden tener en el otro, prestan cada vez más atención a sus propios gestos para evitar posibles confusiones.

2. El tacto no se limita a contactos físicos, directos, sino que se convierte en algo mucho más sutil, en lo que yo llamo «el tacto a distancia». Es posible sentir al otro estando más o menos alejado; cuanto más se desarrolla la conciencia de qué es la energía, más espacio del otro se percibe e incluso se observa. En la vida cotidiana sucede a menudo que nos sintamos a gusto al lado de alguien, que empaticemos con él o con ella, o, por el contrario, que evitemos a una persona porque «desprende» mala impresión; a veces también nos alejamos de alguien cuyo espacio energético es importante (hay que tener en cuenta así mismo que esta clase de temor hacia la persona encontrada, mezclado con una especie de respeto, puede deberse a otros factores tales como el nombre, la profesión, el conocimiento de su pasado o de sus actividades).
3. La comunicación a través de las palabras: nuestra sociedad, la más desarrollada, es paradójicamente la que acarrea más conflictos, más incomprensiones y mayor confusión; muchas palabras «desafortunadas», «lanzadas al azar» desencadenan verdaderos dramas. Las palabras tienen tal carga emotiva y simbólica que pueden «tocar» a alguien profundamente: ¿acaso no decimos que las palabras pueden ser hirientes o sagradas? La frase «tener unas palabras» evoca la idea de pelea, de enfrentamiento. Hablar es una función exclusivamente humana y, en este sentido, tendríamos que trabajar mucho más el lenguaje para poder dominarlo mejor y para que su utilización se convierta realmente en un instrumento de comunicación y no en algo banalizado y usado sin ton ni son.
4. La comunicación a través de los sonidos: es interesante constatar la evolución de la investigación científica en el campo de los sonidos, dada la importancia vital del sonido y de su utilización para el hombre. La voz humana, maravilloso instrumento capaz de reproducir una impresionante gama de sonidos, es también un importante elemento distintivo de cada uno de nosotros (lo

que más nos acerca unos a otros: los integrantes de una coral o aquellas personas que han escuchado cantos gregorianos, por ejemplo, conocen la extraordinaria comunión que se produce durante estas experiencias privilegiadas). Estos sonidos, cuya producción está directamente ligada a la respiración (y a nuestra estructura fisiológica), forman parte de nuestro medio desde siempre y así lo afirman las tradiciones más antiguas: el Universo está formado por la emisión de una serie de sonidos (procedentes del sonido primordial, el OM en la tradición del yoga) que se materializan en distintos planos (materia, cuerpo sutil...). «Y Dios creó el verbo», concepción a priori religiosa del universo, halla aquí una resonancia favorable. Cabe destacar también la correspondencia entre determinadas notas musicales o ciertos sonidos con partes del cuerpo que son puntos concretos de acupuntura o de los chakras[1] según la tradición china o en la hindú.

5. La comunicación a través de la mirada: todos los enamorados se han mirado a los ojos y han sentido la fuerza, la profundidad y la autenticidad de una mirada. Los ojos pueden transmitir mucha energía, como bien saben los hipnotizadores, los magnetizadores, los políticos, los presentadores de televisión, etc. Todas las características de una persona pueden estar contenidas en una mirada (franca, directa, esquiva...) y a través de ella se forma el espíritu (observar el mundo, leer, aprender...).
6. La comunicación por medio del gesto: todo cuanto expresamos con nuestros ademanes corporales, nuestros movimientos, tiene un efecto más o menos importante sobre un eventual interlocutor. La imagen corporal de una persona puede transmitir, la primera vez que nos encontramos con ella, fuerza, lástima, optimismo... Y ello sin tener en cuenta el conjunto de gestos que forman parte de un código social o de nuestro inconsciente colectivo. Pensemos tan solo en los distintos saludos posibles según las culturas o las épocas, o en los diferentes significados de la posición de los dedos: el pulgar levantado, la V de victoria, el dedo de la justicia... Llevado al extremo, el juego de los dedos es especialmente rico y variado en la danza hindú (los mudras).

1. Véase del autor *Yoga, manuel pratique*.

7. Todas estas formas de comunicación están agrupadas en los ejercicios de expresión corporal propuestos, aunque, por supuesto, menos claramente diferenciados. A fuerza de experiencias y de trabajo, todo el ser se expresa gracias a las formas de comunicación desarrolladas y que se han convertido en una sola. Es la posibilidad de vivir el momento con todo nuestro ser, con todas nuestras facultades en acción. Es lo que nos hace decir de un gran artista que «vive» su canción, que creemos en su personaje, que forma un todo con su música. Al lado de estas personas encontramos dos buenos ejemplos de globalidad en la observación de un bebé (o de un niño hasta determinada edad) o de un gato. Todo su cuerpo se mueve, se expresa actividad. Tomemos el ejemplo del gato: tendría que ser un modelo para el yoga, la expresión corporal o las artes marciales. Sabe juntar la paciencia con la rapidez, la elasticidad con la fuerza, la relajación con la agilidad, el juego con la necesidad, el salvajismo con la docilidad. Este animal está en cada uno de nosotros: feroz y tierno, luchador y sumiso, frágil y poderoso. Y no es una casualidad que encontremos en el lenguaje popular, siempre muy imaginativo, expresiones que hacen referencia al comportamiento humano y a un animal: testarudo como una mula, lento como una tortuga, rápido como un lince, fuerte como un toro, cobarde como una gallina... También cabe destacar que muchas tribus (africanas, indias...) tenían y siguen teniendo un tótem, un animal al que confieren una identidad específica con las etnias de las que forman parte. Biológicamente, el ser humano es un animal, pero con un psiquismo muy complejo, psiquismo que sólo él tiene la posibilidad de conocer y de dominar.

Así pues, en expresión corporal tenemos que ser muy conscientes de nuestros mínimos gestos para poder descubrir nuestra verdadera naturaleza y encontrar nuestro verdadero ser. Si no somos conscientes, los ejercicios propuestos se convierten en meros pasatiempos o se cae fácilmente en «hacer cualquier cosa» con el pretexto de expresar algo a cualquier precio. Sin embargo, hay que destacar un punto importante: se produce a menudo una gran confusión entre mente y conciencia. Lo mental es tan sólo una de las actividades, de las facultades del individuo, de su cerebro, al igual que el tacto es una de las facultades de los dedos. La conciencia es la naturaleza del ser mismo. Para entenderlo mejor voy a usar una comparación: si comparo la consciencia con las piernas, lo mental sería el movimiento de las piernas, es decir, si dejo de andar, si me quedo inmóvil, el movimiento (lo mental) desaparece, en tanto que las piernas (la conciencia) siguen existiendo. Por esta razón, el conocimiento de uno mismo es tanto más rápido cuanto que la técnica utilizada requiere más inmovilidad. En la mayoría de los ejercicios de expresión corporal, cuya base es la movilidad, el movimiento, las pausas suelen ser necesarias ya sea para descansar o para hacer balance mediante la verbalización (véase capítulo 7).

Así pues, gracias a los ejercicios propuestos en forma de juegos podemos trabajar armoniosamente dos terrenos a menudo demasiado alejados: el cuerpo y el espíritu. El capítulo siguiente trata de la contribución del uno en el otro siempre desde la perspectiva positiva de una mayor globalidad del individuo y del conocimiento de uno mismo.

Análisis y comentario sobre dos ejercicios propuestos

Algunos ejercicios propuestos son mejor aceptados que otros. ¿Por qué? ¿Cómo paliar estas dificultades? Voy a tomar el ejemplo de dos ejercicios: el primero casi nunca plantea problemas; el segundo es siempre abordado por los participantes con precaución, con desgana y a veces es incluso rotundamente rechazado.

- En el primero, dos participantes se sientan uno frente a otro y se cogen de las manos. El ejercicio consiste en comunicarse con la voz pero sin usar palabras (es decir, con un lenguaje codificado). Puede ser con sonidos, cantando, gruñidos, risas. Este ejercicio comporta siempre una gran comunicación, una especie de osmosis, de intercambio, como si se rompiera la barrera de las palabras. La comunicación se establece directamente entre dos seres sin el inconveniente de la incomprensión mutua que comporta el manejo del lenguaje, sin esas palabras que son comprendidas de forma diferente por quien las emplea y aquel a quien van dirigidas. En este ejercicio se da prioridad al ritmo, a la entonación, a la energía emitida para expresar la melodía o la agresividad, el rechazo, la ternura, etc. Esta comunicación es muy duradera y cada participante siente el placer de expresarse libremente, inconscientemente, como un animal joven que canta, ríe, llora, gime, gruñe, y todo ello sin razón alguna. Significa expresarse al margen de cualquier convención social, de cualquier código, sin justificaciones, sin dar explicaciones. Alguien que llegara en ese momento preciso se preguntaría si no está en un manicomio. ¿Acaso no se plantea a menudo la endeblez o inexistencia de la frontera que separa la locura de la cordura? ¿Acaso los actores, los cantantes, los animadores no hacen de válvula de escape, de exorcistas de un montón de personas alteradas o que soportan mal la realidad? ¿No son como un espejo en el que se refleja la locura oculta todos nosotros?

En este ejercicio, el lenguaje habitual se rompe, se perturba, y uno se da cuenta de que dos o más personas pueden comunicarse más allá de las palabras, una comunicación como la que surge entre los enamorados, entre dos viejos amigos «que no necesitan hablar para entenderse», entre un ser humano y un animal. E incluso dos músicos podrán sintonizar más allá del lenguaje musical, en tanto que entre otros dos la entente se producirá sólo con un intercambio de palabras, de acordes, de sonidos; y el oyente en general no se confunde. La palabra *feeling* está muy de moda y define muy bien el aspecto sensitivo, energético, de una relación entre dos o varias personas. En mi trabajo de expresión corporal quiero desarrollar precisamente esta sensibilidad, ir más allá y trascender lo cotidiano.

Todos hemos sentido alguna vez ese instante privilegiado en que nos sentimos en armonía con todo cuanto nos rodea, en que encontramos el universo maravilloso, en que sentimos una especie de exaltación interior. Pero pronto se impone la realidad, y el miedo cubre con un espeso velo estos instantes de armonía, ya que producen, a posteriori, un sentimiento de inseguridad, una fuerte sensación de libertad, y demasiada libertad da miedo...

¿Por qué tantas veces les faltan las palabras a los enamorados? Porque les domina la sensación, la vivencia de un instante privilegiado en el que ya no saben qué decir, en que las palabras ya no importan. Es como si de golpe se transformara la visión del mundo, como si se sintieran en armonía con todas las cosas, como una flor nunca vista hasta entonces. Más allá de las palabras, encuentran el impulso vital uno del otro.

Este ejercicio de comunicación sin el soporte de la palabra puede durar mucho y prolongarse a través del contacto solo del tacto, el canto (melodía, melopeya) o sencillamente a través de una comunicación silenciosa que permite concienciarse de la sutilidad del cuerpo.

El segundo ejercicio consiste en lo siguiente: la caricatura de uno mismo. Hay que abordar dificultades de distinto orden: el desconocimiento de uno mismo, es decir la incapacidad de sacar a la luz (para burlarse) uno de los rasgos propios fundamentales (o una actitud repetitiva, o un comportamiento característico frente a una situación determinada). Se trata también del miedo de los otros, de no poder encontrarse solo frente a los demás, miedo a soltarse por miedo a ser juzgado. Esta actitud se traduce en tres formas de actuar: rechazo sistemático a pasar por esta experiencia, aceptación del mismo para acabar cuanto antes y el «mirad, yo no tengo miedo» que se convierte en caricatura.

Este ejercicio permite, de entrada, concienciarse de las posibilidades de expresión, de los bloqueos e inhibiciones, y, en consecuencia, de la orientación que debe darse al trabajo de evolución personal. También permite, como casi todos los ejercicios, observar los vínculos existentes entre trabajo corporal, bloqueo, emoción y respiración.

Finalmente, con este ejercicio podemos sensibilizarnos o profundizar en la noción de distancia en relación a uno mismo, a una actividad y a los demás. Esta noción corre pareja con el humor, sin el cual uno se estanca rápidamente en trampas mentales tales como pretensión, falta de apertura, rigidez mental: unas buenas carcajadas permiten no endurecerse demasiado.

3

ASPECTOS FISIOLÓGICOS, PSICOLÓGICOS Y SIMBÓLICOS

Muchas personas llegan a las sesiones de expresión corporal pensando que se encontrarán con una técnica específica relacionada con la mímica, con el arte dramático o con la danza. Enseguida quieren aprender a representar personajes, interpretar una escena o dejar que el cuerpo exprese libremente una música. Dirigen toda su atención hacia el exterior, mientras que muchas veces no sienten de verdad el cuerpo y sólo tienen un vago conocimiento de sí mismos. Su capacidad de concentración y de atención es limitada, y las posibilidades de quedarse inmóvil, de no hacer nada, son casi inexistentes. Ahora bien, el verdadero movimiento no se crea, sólo existe gracias a la inmovilidad, de la misma forma que la música se contrapone al silencio.

Además de una buena preparación del cuerpo a la que tanta importancia concedo (véase capítulo 4), la mayoría de los ejercicios propuestos aquí pretenden ayudar al alumno a progresar en múltiples direcciones en el plano fisiológico: el dominio del gesto, voz y lenguaje verbal, ligado a una mejor respiración (las personas con miedo tienen una respiración corta); de una musculatura más relajada; de un cuerpo más flexible, ágil y armónico (en el sentido de repartir mejor la energía); de una mayor movilidad y agilidad, una sensación global de bienestar. Ahora bien, los ejercicios más sencillos son aquellos que favorecen este trabajo, trabajo que sin embargo requiere constancia. La paciencia es la clave del éxito de cualquier actividad corporal...y de todos los actos de la vida.

Aunque ambas categorías serían indisociables, estos ejercicios se pueden clasificar en dos grupos: los que favorecen la verticalidad y la flexibilidad de la columna vertebral, y los que hacen trabajar específicamente los pies.

Esta idea ha sido desarrollada en el apartado La postura del cuerpo y detallada los ejercicios 153 a 159. Al principio, podría consistir sólo en la sensibilización de una parte concreta del cuerpo para tomar conciencia de que una relación positiva con la realidad pasa por un mejor arraigo, un mejor contacto uno mismo. Las expresiones «estar en las nubes» y «tener los pies en el suelo» tienen un significado real y profundo. Así pues, el hombre moderno, agobiado por preocupaciones mentales, ya no presta atención a sus pies. Es más, cada vez los usa menos. Me he entretenido a contar el número de minutos que, grosso modo, pasa un funcionario francés de pie, en posición vertical. Aunque este ejemplo pueda parecer excesivo, haga usted mismo el cálculo, teniendo en cuenta los paseos con amigos o pareja, los ratos que saca al perro a pasear, la actividad corporal semanal...Todo sumado rara vez sobrepasa las dos horas.

Sin embargo, lo contrario, es decir, el que una persona esté obligada a quedarse de pie día tras día más de 6 ó 7 horas consecutivas en un espacio reducido es igual de nefasto. Fuerza a dicha persona a una inmovilidad casi total (algunas enfermeras, trabajadores de una cadena de montaje...).

Ejemplo:

Tiempo de pie

8 h	Se levanta, se viste, se lava	10 min
	desayuna	0 min
8:30 h	Coge el coche	2 min
9 h	Llega a la oficina	2 min
9 h a 12 h	Permanece sentado en su despacho	0 min
12 h	Baja a la cafetería	5 min
13 h	Toma su café	1 min
13:30 h	Regresa a su despacho	5 min

1:30 a 17 h	Permanece sentado en su despacho	0 min
17 h	Regresa al coche	2 min
	Vuelve a casa	0 min
17.30 h	Sale del garaje	2 min
	Se sienta, lee el periódico y toma café	0 min
18 h	Ordena papeles en la casa	2 min
19 h	Cena y mira la televisión	2 min
22 h	Se va a dormir	0 min
		Total 33 minutos

¿Pero por qué tienen importancia los pies? Hay que acercarse a las ciencias tradicionales para entender mejor su relevancia, así como los ejercicios y todas sus connotaciones. Desde hace algunos años, han surgido libros, artículos, cursos y talleres sobre dos de estas técnicas que están muy de moda: el do-in y el shiatsu. Sin embargo, no se puede olvidar que forman parte de tradiciones muy antiguas, es decir, que conllevan una visión del ser tanto corporal, espiritual, higiénica, como cósmica y religiosa. Estas técnicas están ligadas a toda una corriente de pensamiento perteneciente a la tradición oriental (India y China), que enseña que el hombre forma parte del Universo y debe respetar la naturaleza. Su visión del cuerpo es pues global, de todo el ser en su conjunto. Actualmente, sabemos que la acupuntura es una ciencia «seria», que existen correspondencias entre las diversas partes del cuerpo y que algunos puntos concretos se encuentran precisamente en las plantas de los pies. ¿Qué trabajo se puede llevar a cabo en ese sentido? Además de todos los ejercicios específicos (véase capítulo 4 «Preparación del cuerpo»), se puede alcanzar una sensibilización por el tacto o a través del trabajo con los pies descalzos en la sala para encontrar un mayor contacto con el suelo.

También cabe inventar juegos, como por ejemplo imaginar que cada pie es un personaje. Pueden dialogar entre sí, entrar en conflicto o, si este miembro le despierta un interés más intelectual, puede centrarse en buscar expresiones populares que hagan referencia a ellos o incluso a su sentido simbólico.

Tomemos algunas expresiones populares: «dejarse pisotear» significa permitir ser maltratado; «andar sobre ascuas» o «pisar huevos» es llevar un paso dubitativo, poco seguro. Creer a «pie juntillas» es estar muy convencido de algo. «Caer de pies» es tener suerte y «buscar tres pies al gato» es buscar soluciones sin fundamento. Cuando «nada marcha» es que nada funciona y «poner en pie» es establecer, construir. Sin embargo «meter un pie» en algo es empezar. ¿Pero por qué un pie y no una mano?

Se podría realizar un estudio sobre cada parte del cuerpo: las rodillas, el abdomen, el corazón, los hombros, la clavícula, las orejas, los ojos... y buscar su significado simbólico, psicoanalítico o cultural.

En cuanto a la expresión corporal, es interesante remarcar la estrecha e indisociable relación entre el cuerpo y el estado anímico. Es un vínculo muy concreto y es fácilmente perceptible en la evolución de los alumnos a lo largo de las sesiones o incluso en la vida cotidiana. Muchas veces, «tener moral» va precisamente ligado a momentos en que uno «se siente bien en su propia piel».

Gracias a los análisis de Reich y a los investigadores que han continuado sus estudios, los trabajos sobre la energía corporal han logrado mostrar de forma científica que todos los actos de la vida de un individuo son registrados por el cuerpo, en las profundidades del ser, sobre el plano muscular y celular.

Así pues, a través del trabajo corporal es posible conocernos mejor al mismo tiempo que se reafirma nuestra sensibilidad, pero también poder guiar nuestro flujo energético, movernos en la vida cotidiana de forma más cómoda, sin derrochar ni malgastar energía; dejar que nuestro cuerpo exprese una melodía mientras nuestro pecho se libera, el cuerpo se mantiene alerta y las piernas sin tensión. Esto permite levantarse por las mañanas y estirarse como un gato, sin tener la boca pastosa, ni un terrible dolor de riñones o la nariz tapada.

Al tiempo que se domina el cuerpo y aumenta el bienestar, se transforma sobre todo la visión del mundo: la conciencia se abre, las facultades mentales crecen y amplían su campo de aplicación, el individuo eclosiona, cada mañana se abre como una flor a los primeros rayos del sol. La Real Academia define eclosionar como abrirse una flor. Es por tanto necesario abrir; abrir es empezar, crear un orificio, dar acceso, pero también abrir cerraduras. Significa suprimir las puertas que impiden percepciones claras, romper las cadenas que crean tensiones, dejar que los acontecimientos exteriores, las emociones, las sensaciones del mundo interior se acerquen y lleguen para que remueven el flujo energético universal.

Es necesario abrirse al mundo, tener un espíritu abierto, estar abierto a las manifestaciones de la imaginación. Abrir es recibir, aceptar al otro, aceptarse a sí mismo, es abrirse al descubrimiento de las leyes que rigen el mundo y hacen que un ser pueda convertirse en una energía armoniosa. Abrirse es hacer que surja la belleza del mundo interior.

4

PREPARACIÓN DEL CUERPO

***Cuando se alcanza el fondo espíritu,
se encuentra el cuerpo.
Cuando se alcanza el fondo del cuerpo,
se encuentra el espíritu.***

Calentamiento, concentración y respiración

Antes de empezar a proponer ejercicios, el cuerpo necesita eliminar las tensiones, relajarse. Pero el calentamiento no consiste en una gimnasia mecánica para «calentar la máquina». Calentar el cuerpo es trabajar la respiración, tomar conciencia de uno mismo y hacer circular la energía por el cuerpo, centrarse, es decir, estar presente aquí y ahora, estar preparado para vivir con plenitud cada experiencia propuesta. Lo importante es sentir los principios del trabajo, la conciencia, la energía y la respiración. Sería interesante efectuar todos los movimientos que se desarrollan alrededor de estos tres ejes. Es más, diría que los ejercicios más sencillos son los más eficaces para disminuir tensiones y reajustar el equilibrio psicofisiológico. Gracias a movimientos sencillos, los participantes dejan que los movimientos involuntarios, los que permiten una gran relajación, les vayan llegando: suspiros, bostezos, estiramientos, sonidos guturales, temblores. Asimismo, visualizan donde se localizan sus tensiones, lo que les ayuda a conocer mejor su estructura corporal y dirigir la respiración hacia la zona donde la energía circula mal. Además, este calentamiento no cansa, al contrario de otros entrenamientos que gustan a las personas que consideran que para sentir los beneficios de los ejercicios deben hacerse daño, sudar, sufrir un martirio, «pasarlas canutas». En cambio, durante estas sesiones busco la relajación de los músculos y, sobre todo, un reparto armonioso de la energía: no existe ningún cinturón abdominal que comprima el vientre, ni grandes bíceps, ni enormes hombros llenos de tensión al cabo de arduos años de esfuerzos y de musculación, tampoco unos gemelos hipertensos a causa de demasiados ejercicios para tensarlos.

Siempre propongo hacer pausas entre cada bloque de movimientos para permitir a los participantes darse cuenta de los efectos que producen: la circulación de la energía, el ritmo cardíaco y respiratorio, la sensación de pesadez, de calor, de frío, en fin, todas las impresiones y sensaciones que pueden percibir al observarse a sí mismos. Durante estas sesiones, los participantes deben situarse fuera del tiempo y del espacio. Para ello, será necesario que vuelvan a ser conscientes de su respiración y se centren en el abdomen. Todas las técnicas corporales de inspiración oriental insisten sobre esta zona capital: el vientre o *hara* en japonés. No se trata de engañarse, pero llegar a ser consciente del propio *hara* lleva años de práctica y no se logra por el intelecto sino a través de las sensaciones. En la actualidad, los occidentales han perdido la conciencia de lo que en la antigüedad se llamaba pneuma, psiké, spritus, ánima. Esta noción de fuerza vital también se encuentra en otra palabra japonesa, el chi, que no desagrada a científicos, a cartesianos ni a lingüistas, pero no se puede traducir ya que es no es definible.

El arte del aikido juega con el chi, con la respiración, la intuición, la sensación, la espontaneidad, el movimiento y la acción. Tras años de práctica corporal, se logra empezar a trabajar en el *prana* (término sánscrito), esta fuerza energética que se encuentra por todo el Universo. *Prana* y chi son dos etiquetas que no se pueden colocar a nada preciso, que no se pueden otorgar a ninguna categoría. Esto es algo muy difícil de concebir para un intelectual, pero, ¿se pueden definir la vida o el amor?

La manera de centrarse está siempre ligada a la toma de conciencia de la respiración, de la entrada de aire por las fosas nasales hasta el vientre o en las costillas o del pecho. ¿Por qué insistir en la centración?

¿Cómo estar aquí y tener la mente en otra parte? Para estar presente en el momento vivido, el cuerpo entero debe participar en lo que se está haciendo. En mi opinión, existen dos formas de centrarse. Sólo hay que ver cómo se suicidan un occidental y un oriental: el occidental se disparará un tiro en la sien, ya que para él, su centro, su energía, está situada en el cerebro. Un oriental se hará el *harakiri*, ya que sitúa el centro de la vida en el abdomen. A lo largo de la historia ha habido otros «centros», como por ejemplo el corazón para los griegos, de donde nacen todas las tragedias. Por otro lado, el lenguaje popular extrae muchas expresiones de la fuente misma de la vida: tener mariposas en el estómago, tener estómago, hacer de tripas corazón... El cerebro, la barriga, el estómago, las tripas, el corazón y tantos otros órganos que han servido de punto de concentración, de centración, de atención y que han permitido el desarrollo armonioso del propio ser, la presencia de uno mismo, la posibilidad de canalizar la energía y de llegar a un plano de consciencia diferente.

Este calentamiento, este «centrarse» a través de la respiración lleva al participante a una mayor calma mental, a una mayor disponibilidad y a una mejor sensibilidad del cuerpo: así, las tensiones, el cansancio y todos los movimientos asociados son si no eliminados, al menos rebajados. De esta forma, los ejercicios propuestos se viven con más lucidez y armonía corporal. Las sesiones ya no son momentos de liberación, de hacer cualquier cosa, sino un tiempo privilegiado para la búsqueda del gesto adecuado, es decir, del gesto que se adapta cada uno de los estímulos: música, juegos verbales, el tacto... Es el gesto verdadero, el gesto en concordancia con la mente, el deseo de moverse, o sencillamente, el que llega al cuerpo sin reflexionar, sin tratar de comprender intelectualmente, sino dejándose llevar por las sensaciones, por la propia alquimia interior. Este gesto también está en armonía con la respiración y con la energía del cuerpo, el cuerpo sutil, el que otorga a un observador la sensación de fluidez en los movimientos, como si fuesen algas que se mueven gracias a corrientes submarinas, sin brusquedades, en armonía con las aguas de alrededor.

Tras muy poco tiempo practicando, uno se da cuenta dónde se acumula la tensión con más frecuencia: mandíbulas, hombros, parte posterior de las piernas, dedos de los pies. Luego, a lo largo de las sesiones, se van relajando zonas más difíciles: el cuello y la nuca, el abdomen, las nalgas, el ano, las pantorrillas. Existen múltiples posibilidades de relajamiento (la otra faceta del calentamiento): por movimientos lentos, usando la mente o con las manos (principio del do-in) o efectuando una relajación mutua en pareja (principio del masaje del shiatsu), especie de mini-sesión de anatomía aplicada que gusta mucho y en la que se estimula el sentido del tacto.

De todas formas, a medida que el estudiante profundiza en esta actividad, se da cuenta de que el calentamiento (la centración) ya no se trabaja por separado, es decir que las diversas actividades, creaciones y ejercicios propuestos se pueden ligar al calentamiento. Pero esta técnica requiere estar muy habituado y es mejor permanecer mucho tiempo con lo que yo llamo trabajo de las gamas. Como el músico con su instrumento, el alumno debe practicar y practicar sin parar para que en un momento dado pueda llegar a improvisar al usar su instrumento, el cuerpo, e identificarse con cualquier forma o ser, representar cualquier cosa, pero nunca de cualquier manera. Ello requiere adquirir una gran disponibilidad corporal ligada a una gran agudeza y dominio de los medios propios de expresión, a un profundo conocimiento de uno mismo y sus límites, a una gran rapidez de la capacidad de observación y análisis.

Algunos ejemplos de preparación:

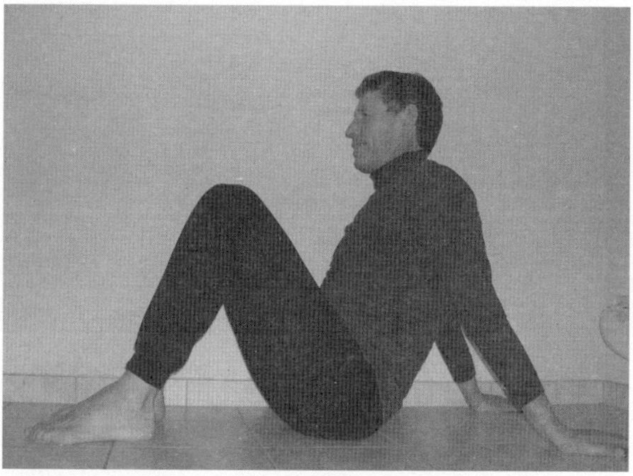

Fig. 4-1. Preparación de brazos, muñecas y hombros.

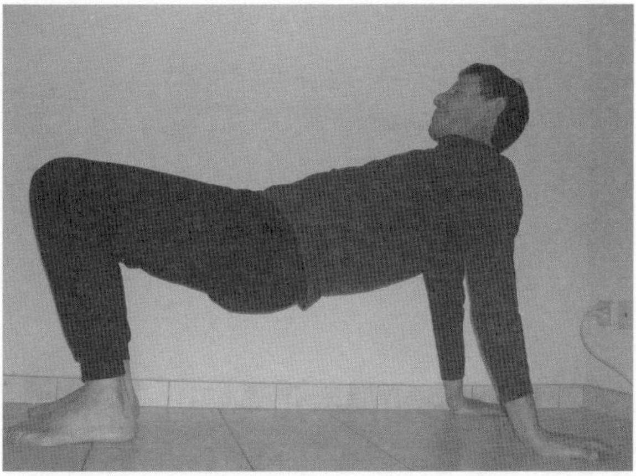

Fig. 4-2. Levantar el cuerpo al inspirar y volver a sentarse al espirar.

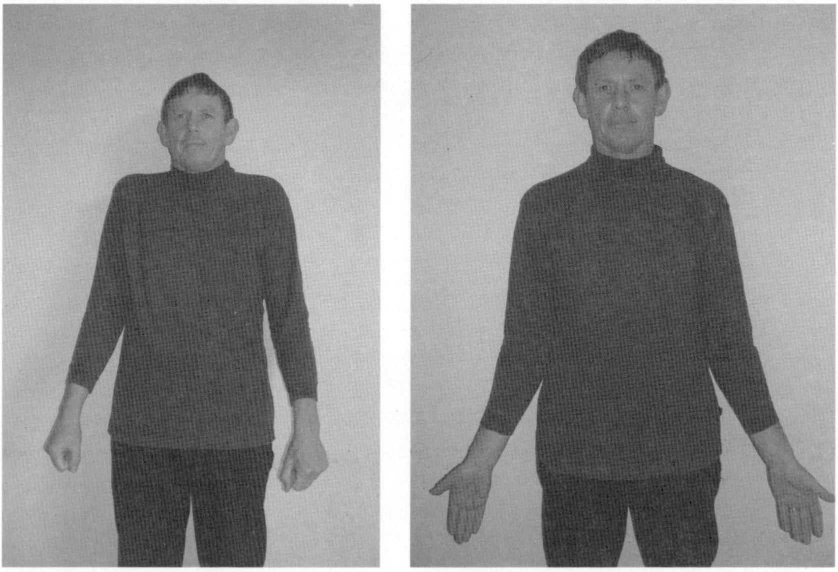

Fig. 4-3 y 4-4. Contracción y relajación de los hombros:

Inspirar al cerrar los puños con los brazos en tensión y subir los hombros hacia las orejas.

Espirar al relajar los hombros y abrir las manos. Así, uno se instala en un estado de disponibilidad, de apertura.

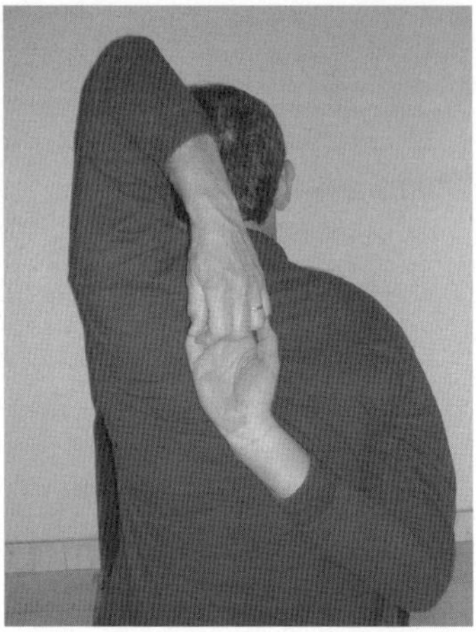

Fig. 4-5. Preparación de los hombros y estiramiento de la espalda: los dedos cogidos, mover poco a poco los hombros (de un lado y de otro).

Fig. 4-6. Preparación de los hombros: rotaciones internas y externas de los hombros.

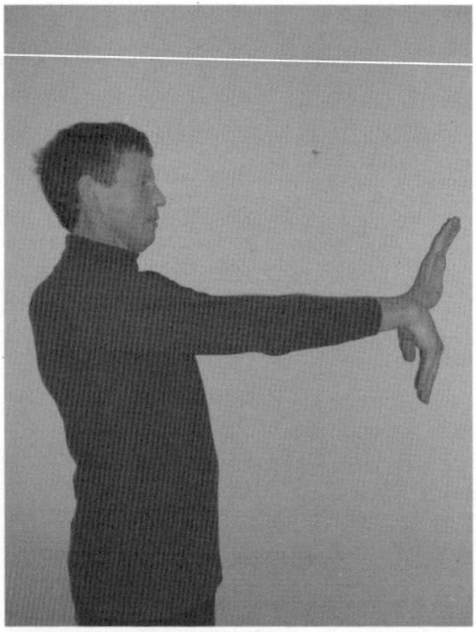

Fig. 4-7. Preparación de las muñecas: empujar una mano hacia delante y doblar la otra con la palma hacia uno. Alternar las dos manos.

Fig. 4-8. Preparación de los costados: con los dedos entrecruzados detrás de la cabeza, flexionar lateralmente esta última en ambos lados.

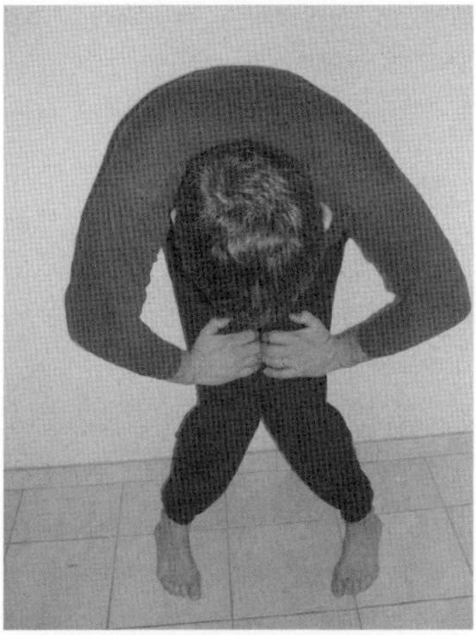

Fig. 4-9. Preparación de las piernas: Con los pies separados y las piernas ligeramente dobladas, acercar poco a poco las rodillas.

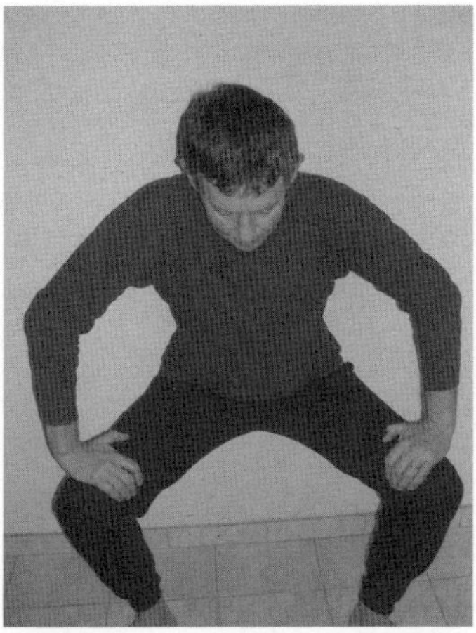

Fig. 4-10. Luego, hacer lo contrario: separar mucho las rodillas con las piernas dobladas.

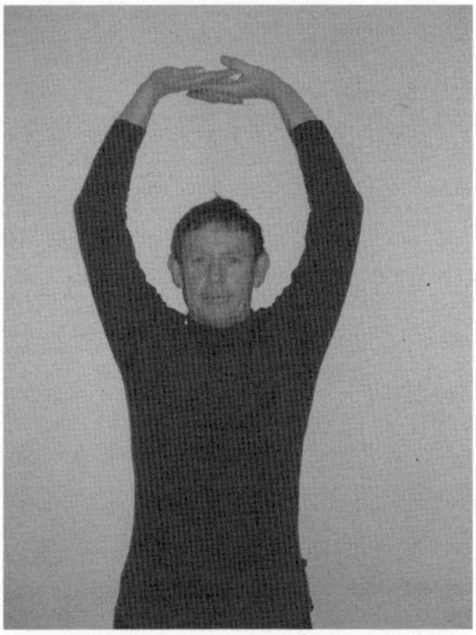

Fig. 4-11. Preparación de la espalda: Con los dedos entrecruzados, empujar con las palmas hacia el cielo para estirar la espalda. Respirar varias veces en esta posición.

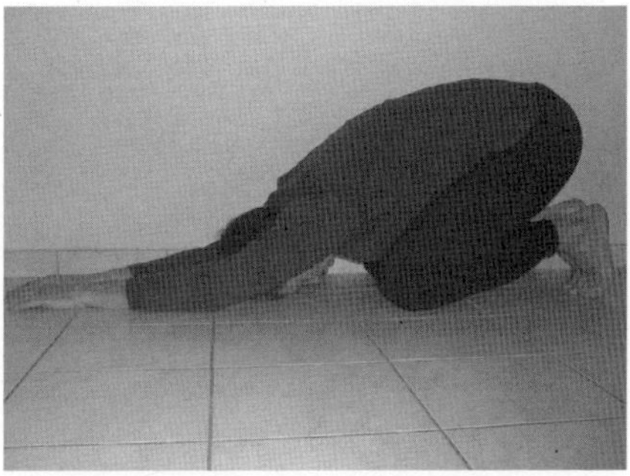

Fig. 4-12. Para seguir estirando la espalda, sentarse con los glúteos sobre los talones y luego poner las manos en el suelo. Después empujar los dedos de una y otra mano de forma alternativa.

Relajación, masajes y meditación

El hombre moderno presta más atención a su coche que a su propio vehículo corporal. Y se sorprende de sus averías y achaques...

En paralelo con los ejercicios de respiración se pueden usar otras técnicas para la preparación del cuerpo. Los masajes en pareja son los más interesantes por varias razones.

- Por la relajación que proporcionan. En efecto, es el resultado más inmediato. El restablecimiento de la circulación de la energía, el masaje muscular que acompaña la presión ejercida con pulgares, manos o pies producen una profunda relajación. Pero se trata solo de una relajación provocada de manera física sin recurso a la parte psíquica de quien lo recibe (como las relajaciones oralmente inducidas). Los masajes benefician sobre todo a personas cuyo estado de fatiga no les permite concentrarse lo suficiente como para responder a los ejercicios de expresión corporal propuestos.
- Por otro lado, durante las sesiones, se despertará cada parte del cuerpo por la presión ejercida, lo que conducirá a la toma de conciencia y permitirá a su vez sentirse mejor y descubrir zonas dolorosas, indicios de mal funcionamiento.
- Por su parte, la persona que realiza el masaje debe mantenerse totalmente concentrada, ya que son sus presiones las que provocan sensaciones en la persona que las recibe, y deberán ser sensaciones de calma, de paz y de afluencia de la vitalidad.
- En fin, la persona que dé el masaje tendrá la sensación de ver renacer la relajación en un cuerpo bajo sus manos, de ver que se dibuja sobre un rostro una sonrisa interior de calma y tranquilidad. Por lo tanto, el aspecto de «comunicación» también es importante en este tipo de ejercicio, en la medida en que nuestra civilización ofrece pocas ocasiones para tocarnos unos a otros, aparte de darse la mano o en las relaciones sexuales.

Las relajaciones propiamente dichas permiten la disminución de tres tipos de tensiones: muscular, mental y emocional. Se pueden proponer al inicio de las sesiones para que los participantes descansen después de la jornada de trabajo y estén más disponibles, o bien al final, ya que los ejercicios de expresión corporal pueden haber creado ciertas tensiones, conflictos o cansancio.

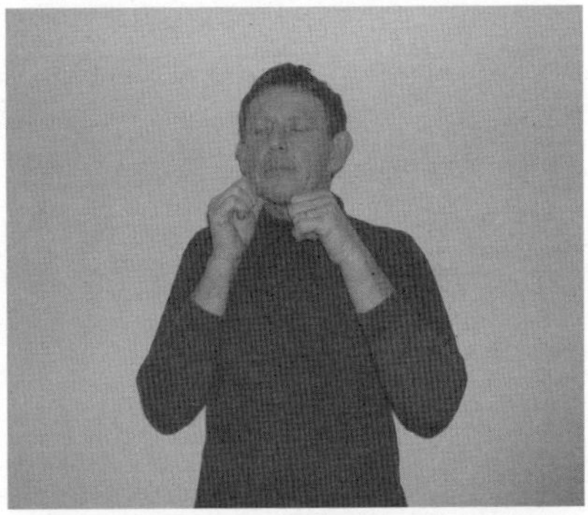

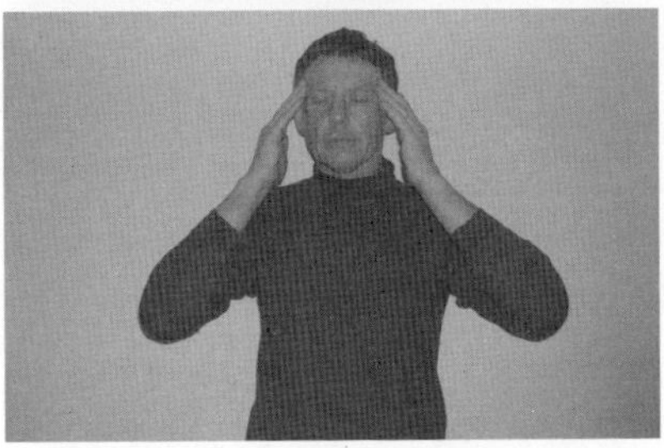

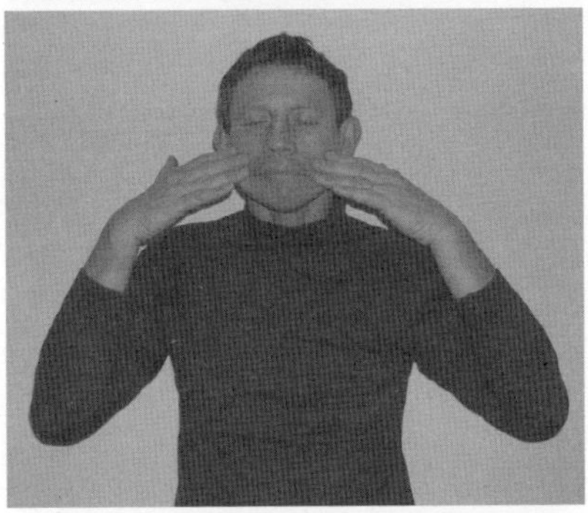

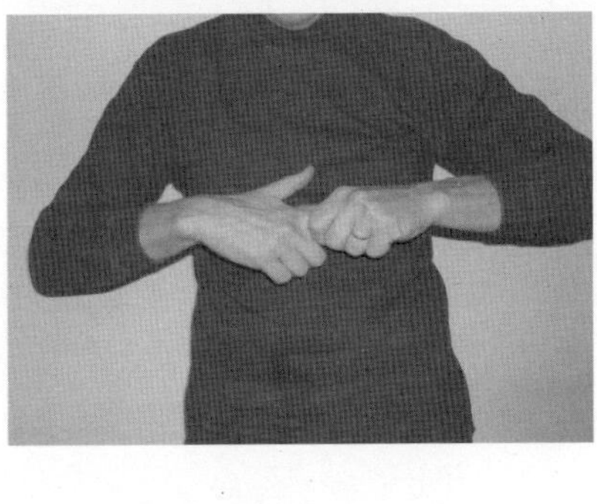

Fig. 4-13. Los automasajes:

Para descansar y distender los músculos de la cara y devolverle toda su expresividad: masajear con suavidad la frente y luego las sienes (pequeños movimientos circulares).

Continuar por el resto de la cara, sin olvidar la parte inferior de las mandíbulas (con los pulgares).

Según el tiempo de que se disponga, también se pueden continuar los automasajes por el resto del cuerpo.

Desde el punto de vista técnico, además de determinados ejercicios de relajación, al principio es preferible relajar el cuerpo simplemente nombrando sus diferentes partes. Los participantes, tumbados sobre la espalda, cerrarán los ojos y situarán los brazos algo oblicuos al cuerpo. El monitor irá enumerando uno a uno, con voz firme y sin variar el tono: el pie derecho, el pie izquierdo, la pierna derecha, la pierna izquierda... Esta técnica de relajación es interesante porque no induce sensaciones en el receptor: «le pesa la pierna izquierda, le pesa» o bien «se siente ligero, ligero». Este tipo de relajación entraña cierta dependencia frente al instructor en relación a las propias sensaciones, pero cabe señalar sobre todo que unos participantes tendrán esta impresión de ligereza y otros no. La relajación es una técnica y como tal no se improvisa, sobre todo cuando se sabe que puede servir como método muy eficaz para conocerse a uno mismo si se realiza de forma metódica, rigurosa y realmente profunda.

Para terminar, se pueden proponer momentos de meditación al principio o al final de las sesiones. La meditación no es una técnica propiamente dicha, es más bien un estado creado por diferentes métodos, y, en particular, la concentración, que se logra centrando la mente en la respiración, un objeto, una frase, un sonido o un símbolo visual. En cuanto a la posición del cuerpo, deberá ser la siguiente: sentado (con las piernas cruzadas, en la posición de medio loto o loto según las posibilidades de cada cual), con la columna vertebral recta pero sin tensionarla, los ojos podrán estar cerrados semiabiertos, la postura general deberá ser firme pero agradable. Firme significa estable, segura, sólida, e indica también inmovilidad. Esta firmeza interesa también a la conciencia, a la que se invita a tomar una actitud de determinación, decidida, resuelta. Agradable significa placentera, confortable, suave, sobre todo gracias al hábito de la relajación en el esfuerzo que disminuye las tensiones. Así pues, se cierra el círculo: masajes, relajación, meditación, respiración, concentración, son métodos que conducen a los participantes a una mayor disponibilidad para acoger los ejercicios de expresión corporal y las escenificaciones.

A continuación doy un ejemplo de ejercicio que deberá ser expresado en voz firme y buen ritmo: «Ahora centre la atención sobre las partes del cuerpo que voy a nombrar:

- El pulgar de la mano derecha, el índice de la mano derecha (y así sucesivamente con el resto de dedos de la mano).

- El dorso de la mano derecha; la palma de la mano derecha; la muñeca derecha; el antebrazo derecho; el codo derecho; la axila derecha; el costado derecho; la cadera derecha; el glúteo derecho; el muslo derecho; la rodilla derecha; la pantorrilla derecha; el tobillo derecho; el pie derecho: talón, empeine, planta y dedos (repetir el ejercicio empezando por el pulgar izquierdo).»

Fig. 4-14. La meditación provoca a la vez una profunda interiorización y disponibilidad mental.

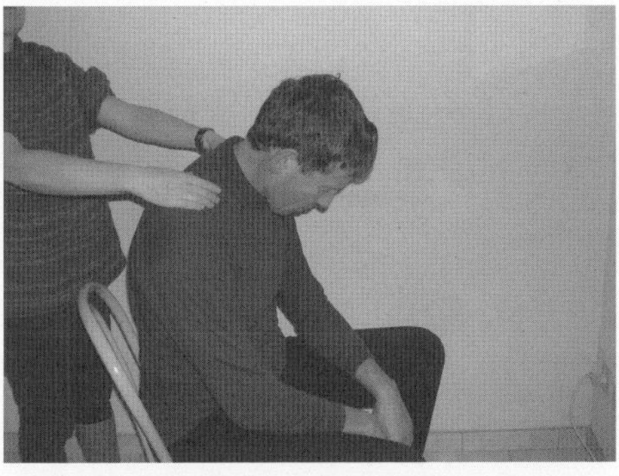

Fig. 4-15. Los masajes relajantes se pueden realizar al inicio de la sesión para preparar el cuerpo o al final para descansar.

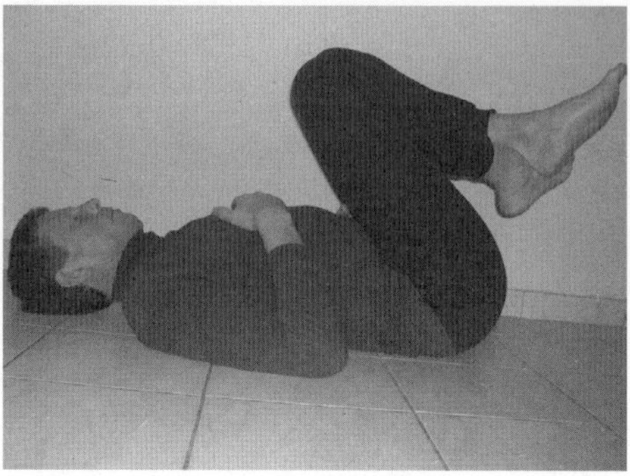

Fig. 4-16. Una forma de relajación posible que no induce a ninguna sensación ni requiere la imaginación de los que los participantes.

«Fije ahora la atención en la espalda: la parte inferior, la región lumbar; la zona media, la superior y los omoplatos; sienta o visualice las partes de la columna vertebral en contacto con el suelo y las que no lo están. Centre seguidamente la atención en la región abdominal, el bajo vientre, las partes genitales; las costillas, el tórax, los pulmones, el corazón, la región de la garganta, las clavículas, el cuello, la nuca, el pelo, el cuero cabelludo; y ello le llevará a fijarse en la cara: el mentón, el labio inferior, el labio superior, la mejilla derecha, la mejilla izquierda, las encías y los dientes, el paladar; y la lengua; la nariz, el ojo derecho, el párpado derecho, el ojo izquierdo, el párpado izquierdo, las cejas y las pestañas; la frente. Siga la respiración desde las fosas nasales hasta el bajo vientre que será reposada y tranquila, reposada y tranquila. La mirada estará inmóvil, en el centro de su espacio frontal.

»No se duerma, permanezca atento a la respiración». Fin de la relajación (5 a 10 minutos después): se profundiza la respiración, se producen suspiros, bostezos y estiramientos.

Otros posibles ejercicios de relajación[1]

«Imagine cruzar el puente de un río, asomarse por encima del pretil, caerse al agua y ser arrastrado al mar. Poco a poco se va hundiendo y

1. Véase del autor *Aprende a relajarte* (Ed. Robinbook).

desde el fondo percibe un punto luminoso muy lejano. Este se acerca para, progresivamente, transformarse en una sombra que adquiere la forma de ser humano. Cuando la sombra está cerca, se da cuenta que se trata de uno mismo. Luego, lentamente, vuelve a la superficie de esta agua verde, opaca. Una corriente le transporta a una soleada playa, donde resplandece el sol. Empieza a mover la manos y los pies, y luego todo el cuerpo».

«Se encuentra tendido sobre una balsa en medio del océano. Un cálido sol inunda un mar de aceite que mece plácidamente la embarcación. Esta se va hundiendo con suavidad y aparece en medio de un agua verde, azul claro, cálida con una dulce música balanceando su cuerpo.»

«Tumbado sobre la espalda, toca una pared imaginaria con la mano derecha y otra con la mano izquierda; otra con las plantas de los pies y la nuca. Cada vez que espira, las cuatro paredes se separan arrastrando su nuca, sus manos y sus pies. Su cuerpo se estira, sólo el abdomen queda centrado. Cada vez que inspira tiene la impresión de que el suelo respira. Su cuerpo se vuelve tan grande como la sala donde se encuentra, como el horizonte, como la tierra entera, como todo el Universo. Luego, desde su centro, en cada inspiración vuelve a su tamaño normal.»

«Está confortablemente tumbado sobre una nube, que se desplaza sin prisas por el cielo llevándole hacia todos los lugares agradables de la tierra: verdes praderas, ríos de agua clara, colinas con flores, lagos en calma, cálidas cascadas. Con suavidad, la nube se posa en una playa soleada y le deja en un cálido capullo.»

«Tendido en el suelo, proceda a relajar totalmente el cuerpo visualizando cada una de sus partes empezando por los pies. Una vez llegue a la relajación de la frente, penetre en el interior del espacio frontal para descender por la columna vertebral. Al pasar por su centro, el abdomen, viajará por dentro de las venas y las arterias, para luego seguir el curso del aire, desde las paredes nasales al vientre pasando por los pulmones.»

«Estirado en el suelo, deja lentamente la Tierra pase por la capa de nubes y alcance la atmósfera. La Tierra se va haciendo cada vez más pequeña y entra en el Universo nuboso. En los confines del Universo escucha una música o una nota que se prolonga hasta el infinito. Antes de volver a mover el cuerpo, realiza el viaje a la inversa.»

«Escucha la música con los pies y luego deja vibrar todo el cuerpo. Baila libremente su ritmo. Seguidamente, de pie o sentado, inmovilidad total. Tumbado sobre el suelo, deja fundir la energía corporal de la música.»

La mayoría de estos ejercicios de relajación tienen una larga tradición en la práctica del yoga.

5

INICIACIÓN A LA CREACIÓN COLECTIVA

Lo que vemos en los demás no es más que un reflejo de una de muestras múltiples facetas.

Una creación colectiva es como un todo construido con un objetivo preciso donde se armonizan aportaciones individuales. Para que la creación sea muy fructuosa, cada participante debe ser capaz de expresar corporalmente todo lo que desee aportar al grupo. Las creaciones colectivas son una etapa casi final de las actividades de expresión corporal, pero es una etapa importante ya que se trata de intentar construir con los demás al tiempo que se reafirma la propia expresión. Poder armonizar los deseos individuales con los de los demás para alumbrar un proyecto común puede resultar difícil por diversas razones: primero hay que ser consciente de la propia interpretación mientras se está atento a la de los demás. Para ello hay que tener la capacidad de observar, ser un sujeto capaz de actuar, ser un sujeto crítico.

Se llega muy pronto al problema del poder. Algunas de las actividades propuestas resultan más interesantes que otras. ¿Cómo escoger?

El tercer problema es el de la realización efectiva de las ideas. Entre una idea y su puesta en práctica a veces existe un enorme foso difícil de cruzar. Cada proyecto individual puede ser muy correcto, pero tomados en conjunto pueden conducir a un resultado catastrófico.

El problema es pues cómo se plasman estas ideas. ¿Es necesario que haya un director con suficiente experiencia y distanciamiento para que tenga ojo crítico sobre el trabajo en su conjunto? Personalmente, estoy a favor de esta manera creativa de proceder, aunque ello signifique que se proyecten los fantasmas personales y no los del grupo, pero acaba siendo más práctico tanto a nivel de tiempo como para una mejor estructuración del conjunto. Aunque el líder no se presente como tal, el grupo acaba engendrando uno, ya sea porque aporta ideas o porque es un líder afectivo (porque sabe exponer las ideas que parecen mejores o se convierte en guía gracias a la atracción que ejerce sobre el resto de participantes).

Para que realmente exista una creación colectiva, es necesario que absolutamente todos participen en la crítica del conjunto. Esto necesita una madurez individual que muchos participantes todavía no han adquirido (sólo porque todavía no tienen suficientes expresiones corporales).

Además, me pregunto si de verdad existe un espíritu individual. Mi experiencia en yoga y en meditación, aunque todavía es muy poca, me lleva a pensar que nuestro centro, nuestro núcleo es idéntico al del Universo, y que el yo y el tú forman un todo cuando se tiene el coraje de ir sacando metódicamente los diferentes cuerpos que constituyen el ser humano.

Por esta sencilla razón, propongo realizar actividades a dos diferentes niveles que, como no, son complementarios. Esta estructura puede parecer extraña cuando se trata de expresión corporal, pero ayuda a tener una idea más clara del trabajo propuesto.

A menudo comparo el cuerpo con un instrumento musical. Hay que imaginárselo como una guitarra. Las cuerdas serían, por ejemplo, la respiración, las extremidades, la voz y la vista. Si proporciona una guitarra a una persona que jamás haya tocado un instrumento musical, no sabrá usarla. Algunos jóvenes saben hacerlo por instinto, pero son excepciones, y si realmente quieren conservar ese talento, deben practicar cada día. Continuando con la comparación, diría que estos ensayos cotidianos de las escalas son como el trabajo diario con el cuerpo: footing, yoga, cantos, ejercicios corporales diversos. Al cabo de unos cuantos años, tras el aprendizaje (técnicas y sensaciones), se pueden abandonar las «clases» y dar rienda suelta a la imaginación, a las percepciones, a la propia expresión: se ha alcanzado el campo de la improvisación. Por tanto, cuando se llega a dominar bien el instrumento, se puede improvisar con cualquier otra persona. ¡Qué felicidad, qué intercambio tan fructuoso! Aprendizaje, escalas e improvisación. Se ha dado un paso importante: tocar piezas compuestas, los clásicos, lo que obliga a plegarse a ciertas restricciones, ¡pero cuán beneficiosas son!; ¡cuántos progresos logrados!. Estas limitaciones no impiden una interpretación personal. Al final se llega a la orquestación. Cada uno posee un instrumento (que practica solo cada día) y sólo así se puede lograr un conjunto armónico.

Luego, la última etapa posible: el solista. En ella se encuentra el don ligado al tesón en el trabajo. En cuanto al director de orquesta, es el que tiene más experiencia y una visión de conjunto más clara ligada a una sensibilidad a flor de piel. Pero cabe también reflexionar sobre la posibilidad de una creación, de una orquestación sin director. Aunque muy difícil de realizar, propicia la evolución personal de cada uno, que no debe dejar que el grupo cargue con sus responsabilidades individuales y esperar de los demás lo que uno podría aportar.

Al principio de este capítulo, he definido la creación colectiva como un todo construido con un objetivo determinado. Un conjunto construido puede a priori no dejar sitio a la espontaneidad ni a la improvisación. A partir del momento en que cada uno respete la unidad del conjunto, de la orquesta, podrá actuar como le plazca. Ahí se ven las posibles consecuencias sociales y políticas.

A veces, o incluso a menudo, es interesante buscar el sentido de las palabras. ¿Qué significa «improvisar»? ¿Y «espontaneidad»? Como se verá, la aproximación al trabajo puede variar desde el punto de vista pedagógico.

Según la Real Academia Española, «improvisar» es «hacer algo de pronto, sin estudio ni preparación». Pero algunos han tenido esta preparación, aunque sólo sea a través de la educación o el hábito del trabajo corporal.

En cuanto a la «espontaneidad», la Academia la define como «la cualidad de lo que se hace voluntariamente o de propio impulso». Es decir, naturalmente, sinceramente, sin segundas intenciones, lo que supone que el participante o bien tiene una dosis de inhibición limitada o una capacidad innata de superarla. En ambos casos se volvería a la cuestión central: ¿no está todo ser humano condicionado por su educación y sus hábitos sociales?

El corolario a esta aserción sería pues que: un ser libre de actuar es un ser al que yo llamo a-educativo, al igual que se habla de personas apolíticas o amorales.

La «a-educación» es la facultad de actuar en armonía con el propio ser profundo, de tener conciencia de los propios hábitos y de los condicionamientos bajo los cuales actuamos normalmente. Teniendo esto en cuenta, hacemos inventario de nuestras necesidades fundamentales: alimentarse, respirar, reproducirse (entiendo por necesidades fundamentales aquellas cuya supresión entrañan la muerte: la muerte por inanición, por asfixia, la muerte de la raza humana).

Pero entonces, ¿qué diferencia los seres humanos de las sociedades animales? La conciencia. La conciencia de existir, de actuar, de hacer algo bien o mal.

Las preguntas que conducen a reflexionar sobre la expresión corporal llevan a entrar en diferentes materias: la filosofía, la religión, la medicina... Por lo que se refiere a la creación colectiva, implica el despertar (o el desarrollo) del interés político, del sentido social (relaciones dentro la sociedad, situarse dentro ella), la economía, la cultura (lugar, presupuesto dedicado a la creación artística).

En resumen, diría que una creación colectiva reproduce la situación mental de los miembros del grupo, siendo el interés armonizar las proyecciones mentales de cada participante.

La creación colectiva que abre cada uno al otro, que permite situarse en relación al grupo y que facilita el desarrollo de la imaginación (a través de la asociación de ideas) aumenta la intensidad del trabajo (dinámica de grupo). En fin, hace tomar conciencia de que las ideas sólo son una energía muy sutil y que por tanto no pertenecen a nadie. (Aunque sienta que esta es una... idea muy particularmente mía, a la que tengo especial apego.)

Sugerencias para ejercicios colectivos

Ejercicio 160: la vida en el fondo del mar

Con o sin la ayuda de una música que sugiera un medio acuático, cada alumno se transformará en cangrejo, gamba, peñasco, alga, pez, pulpo... Los distintos animales se desplazarán respetando la armonía del conjunto.

Variante: en la escena pueden intervenir dos escafandristas en busca de un tesoro.

Ejercicio 161: construcción de una máquina

En grupos de cinco o seis, los participantes construirán una máquina de guerra (dos máquinas podrán entrar en conflicto), una máquina clásica (excavadora, cosechadora...), o bien una máquina que no sirva para nada.

La dificultad de este ejercicio radica en dar movimiento a estas máquinas, ya que cada participante debe encajar perfectamente con los otros.

Ejercicio 162: un animal

Representar en grupo animales del tipo: cangrejo, rinoceronte, araña, tortuga...

Ejercicio 163: elementos de la naturaleza

Ya sea de forma simbólica o realista, los participantes representarán en un solo cuadro distintos elementos naturales: la tierra, el agua, el bosque, el metal, el aire, el fuego, los seres vivos.

La dificultad reside en encontrar la característica de cada elemento, lo que requiere cierto tiempo y muchos ensayos.

Ejercicio 164: los ritmos

Dos grupos se enfrentarán tras haber elegido cada uno de ellos moverse siguiendo un ritmo determinado.

Ejemplo:

El grupo UNO elige:
1) chasquido de los dedos
2) avanzar el pie derecho

El grupo DOS elige:
1) palmadas
2) avanzar el pie derecho marcando el tiempo con ese pie

3) avanzar el pie izquierdo
4) gritar ¡oh!

3) lo mismo con el pie izquierdo
4) gritar ¡eh! ¡eh!

Los participantes de cada grupo se pondrán de acuerdo para intentar desconcentrar a los miembros del otro grupo.

Ejercicio 165: acontecimientos excepcionales

Los miembros del grupo escogerán un papel entre las siguientes situaciones:

- Un consejo de disciplina en un colegio público, en un colegio religioso, en un instituto, en el ejército.
- Una sala de la Audiencia, un tribunal revolucionario, un tribunal militar.
- Una reunión de profesores y alumnos.

Ejercicio 166: la vida cotidiana

Se propondrán distintas situaciones para que el grupo las interprete:

- En el compartimiento de un tren, en el metro.
- En unos grandes almacenes.
- La gente agolpada tras un accidente.
- En un bar cutre, de moda, de marginados.
- Consumo de drogas en casa de un amigo.
- Delante de un televisor situado en el escaparate de una tienda (los dos equipos de fútbol, el presentador, los espectadores, los curiosos).
- En la playa en el mes de agosto.
- En una discoteca por la noche.

Ejercicio 167: el espectáculo

Los participantes asisten a un espectáculo, ya sea en un cine o un teatro. Elegirán una película o una obra que conozcan bien, ya que tendrán que mostrar emociones parecidas a medida que avanza la interpretación imaginaria.

Dificultades: sincronización casi al segundo de las distintas escenas de la representación imaginaria.

Ejercicio 168: los grupos sociales

Representación del trabajo colectivo de un grupo social determinado:

- Campesinos durante la siega, la vendimia...
- Pescadores en un barco, llegando al puerto, en un bar.
- Obreros en una cadena de montaje, en una obra, una mina...
- Reunión del personal de una empresa.
- Reunión de actores para el rodaje de una película.

Ejercicio 169: yo y el grupo

La propuesta consiste en intentar entrar en un grupo muy unido. Por ejemplo, en una sesión se han formado tres grupos de seis personas. Por turnos, un miembro de cada grupo sale y regresa. He aquí el resultado de 18 tentativas:

Modo de entrar en el grupo:	*Comportamiento del grupo:*	*El grupo permanece unido gracias a:*
por la fuerza 4	Rechazo del miembro saliente 15	un ejercicio corporal 11
por destrucción 1	Aceptación inmediata 3	con palabras + un juego corporal 4
con artimañas 2		nada 3
por inercia 2		
con astucia 7		
con amabilidad 2		
no entrar (irse) 1		

Diferentes posibilidades de distribución escénica para espectáculos de expresión corporal.

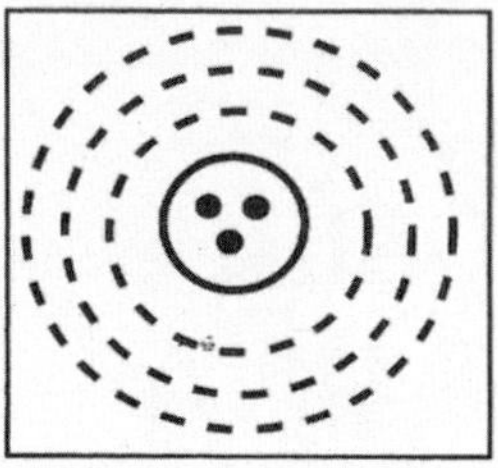

Actores-espectadores-escenario sobre un mismo plano.

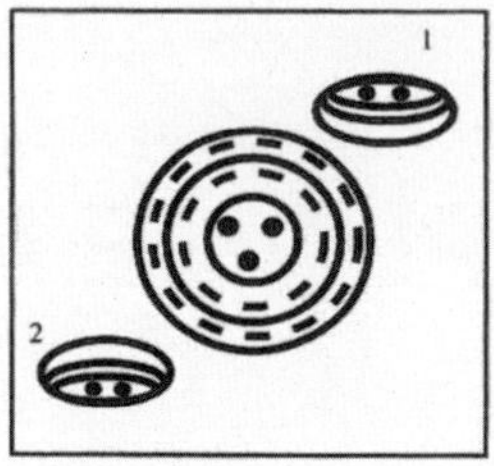

Disposición en gradas: actores arriba (1) o abajo (2).

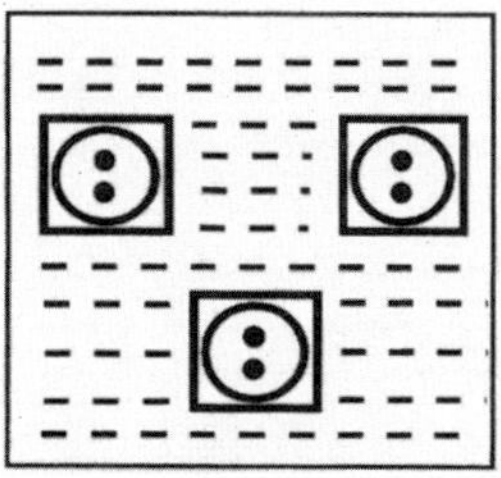

Diversos lugares de interpretación (donde el sitio mismo representa una zona de actuación).

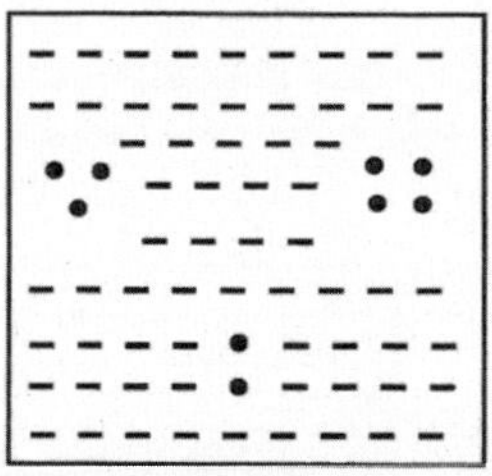

Sin escenario (participación o no de los espectadores: calle, local...).

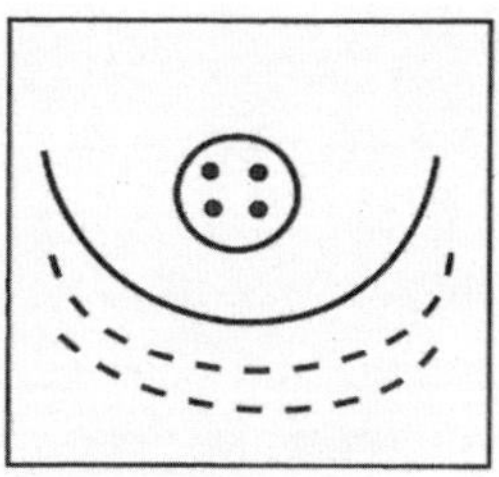

Escenario clásico.

Y muchas otras posibilidades...

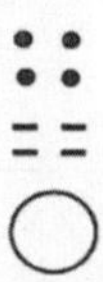

Actores

Espectadores

Escenario

6

EJEMPLO DE UN POSIBLE TRABAJO DURANTE UNA SESIÓN, UN FIN DE SEMANA O UN CURSILLO

Evolucionar es aceptar que cada nueva situación nos transforma aunque nos moleste.

Desarrollo de una sesión

Las sesiones pueden durar de una hora y media a dos horas según el caso. Desde mi punto de vista, es necesario delimitar bien el principio y el final de la sesión a fin de marcar adecuadamente una estructura temporal y enseñar a los alumnos a contar el tiempo para preparar determinados ejercicios (eventualmente, espectáculos).

Como ya hemos dicho en los capítulos anteriores, la sesión puede empezar con:

- Una preparación respiratoria gracias al movimiento de brazos, efectuado muy lentamente a un ritmo de respiración que se intentará profundizar.
- Ejercicios solos o en parejas – una relajación.

- Automasajes o masajes entre dos.
- Ejercicios iniciales que preparan a la vez el cuerpo y la atención.

Luego vendrán dos o tres ejercicios muy precisos; algunos serán individuales (atravesar la sala en un mínimo de pasos, el paralizado, el nacimiento de un árbol...); otros serán en pareja o en grupo (el espejo, las letras del alfabeto con el cuerpo).

Cada ejercicio podrá dar pie a una verbalización: sensaciones de cada participante, dificultades con las que se ha encontrado...

Según las sesiones, se podrá proponer un trabajo a partir de una melodía. Al final de la sesión, se optará por una relajación o una meditación.

Durante el año o para los no principiantes:

- Menos preparación corporal, ya que estará incluida en el trabajo realizado gracias a los ejercicios.
- Aumento de la dificultad de los ejercicios individuales (volteretas, saltar un escalón...).
- Iniciación a la creación colectiva; creaciones corporales a partir de música.
- Al final de la sesión: masajes, meditación o relajación.

Desarrollo de una sesión durante un fin de semana o un cursillo

Se pueden hacer varios comentarios sobre estas jornadas: primero sobre los distintos niveles, o más bien sobre las diferentes vivencias, las experiencias. ¿Cómo proponer situaciones que pueden hacer evolucionar cada uno respetando su propio ritmo? Es apasionante reunir personas de ámbitos diferentes que, sin embargo, tienen un objetivo común y un mismo medio de comunicación: el cuerpo.

Pero el instrumento que poseen es apenas conocido, pocas veces utilizado al máximo de sus posibilidades, y por ello es necesario trabajar por etapas. Hasta ahora proponía dos niveles en el taller de expresión corporal: uno para principiantes y otro para no principiantes.

Como criterio, pido a los no principiantes haber trabajado como mínimo un año en cualquier tipo de actividad corporal: artes marciales, danza, arte dramático, mímica, yoga... con el fin de tener un mínimo de posibilidades de expresarse. Es todavía más útil haber trabajado técnicas corporales suaves que asocien tres elementos: el gesto, la respiración y la mente, y, como base, las nociones de placer y no competitividad.

Segundo comentario: la noción de tiempo. El taller dura entre una hora y media y dos horas. Las jornadas empiezan, en general, a las 10h de la mañana y se acaban hacia las 18 horas. Cuando se propone un trabajo, es interesante dejar que se prolongue el juego, volverlo a estimular proponiendo variantes, que actúe la imaginación, las asociaciones de ideas y que se exprese el lenguaje corporal. Así pues, estas jornadas permiten profundizar en cada ejercicio.

Tercer punto: ya se trate de una jornada o de un fin de semana, estas sesiones permiten cortar con la vida cotidiana y facilitan la vuelta a uno mismo, la concienciación del yo social y de la sutilidad de las relaciones en un grupo.

En fin, una jornada permite a una persona trabajar sobre sí misma algunos puntos en particular gracias a los otros miembros del grupo, que contrariamente a un taller semanal, podría no volver a ver. Durante estas jornadas, uno se da cuenta del cambio continuo de su alquimia interior. Por la mañana, se siente al otro de una manera determinada y, posteriormente, de otra. Esto nos muestra la fragilidad de las relaciones, salvo si a través de un largo camino interior uno se conoce lo suficiente como para poner en evidencia no ya los efectos, sino la o las causas profundas. Cuando nuestra conciencia deja de ser una pantalla, nos damos cuenta de que todas las manifestaciones del mundo de los fenómenos sólo son proyecciones. O nos dejamos atrapar por las imágenes de la película o nos convertimos en el operador, el cineasta, el director y... el actor. Estas jornadas no hacen más que alargar la película de nuestra vida y nos hacen descubrir con qué guión funcionamos.

En resumen, los fines de semana, las jornadas o los talleres tienen varios objetivos:

- Profundizar el trabajo realizado durante las sesiones.
- Estimulación gracias a los participantes más avanzados.

- Espacios de tiempo más importantes para intercambios y charlas; en fin, un verdadero «encuentro».
- Momentos privilegiados para abrirse a nuestro ser profundo, auténtico.
- Observaciones, análisis de las relaciones de grupo: uno mismo y el otro.

Por supuesto, estas sesiones o jornadas pueden desarrollarse de muchas maneras. Por ejemplo, a veces es interesante no preparar nada y dejar que los participantes propongan actividades, ya sea a través del comentario de un participante o de un tema exterior que interese a todos los miembros del grupo (una crisis económica, una manifestación en el centro de la ciudad, el frío del invierno...) o también se puede «tirar de ciertos hilos»: la frustración (el monitor ni habla ni propone nada), la agresividad; también se puede aprovechar un ejercicio propuesto para aportar una variante, alargarlo, profundizarlo.

Para ilustrar el desarrollo de una jornada, he elegido el cursillo de un día realizado el domingo 22 de noviembre de 1981. El tema propuesto era el de la voz.

Número de participantes: 12 (11 mujeres, 1 hombre).

Horarios: de 9h 30' a 12h 30'; de 14h a 18h, el almuerzo se realiza en común, cada uno aportando una comida tipo picnic.

Lugar: una casa de colonias con la posibilidad de utilizar varias salas.

La sala más utilizada mide 5m × 5m; está enmoquetada y con buena calefacción; tres ventanales nos permiten ver un parking y otros edificios. El lugar es tranquilo, las paredes están pintadas con colores claros. Los participantes se cambian en esta sala, las pocas sillas existentes sirven de «vestuarios».

Una vez pagados los costes de la jornada, nos instalamos en círculo para la preparación corporal:

- Es a la vez un trabajo de relajación de todo el cuerpo (especialmente del abdomen y de las mandíbulas), profundización de la respiración y emisión de sonidos.
- Búsqueda de un registro de voz (espacio vocal intermedio entre el grave y el agudo).

- Después, toda una serie de ejercicios cuya lista ha sido creada anteriormente (palabras —voz— improvisaciones).
- Después del almuerzo, el grupo se divide en dos con el fin de preparar un ejercicio. Esta fue la propuesta: «Imaginad la reunión de un grupo revolucionario. Cada grupo tendrá un texto».

A propósito, las normas del juego no son muy explícita para dejar mayor iniciativa y libertad a los participantes.

Los dos textos son los siguientes:

- Un poema sobre Brassens extraído de una página del diario *Ouest-France*.
- Un artículo dedicado a los diferentes sabores según el ayurveda.

Texto para el grupo 1

Él se ha ido,
Sin ruido, sobre la punta de los pies
Él se ha ido
Y yo
He llorado,
Se ha ido el poeta
Pero siempre estará aquí dentro
Así de grande, él tenía
Yo, esta mañana, no tengo
Él se ha ido como los
Atrapados por la muerte,
La parca, cuando…

Texto para el grupo 2

El sabor picante o agrio está dotado de propiedades para abrir el apetito, resolutivas y purificantes, destruye la obesidad, la languidez, los malestares de Kapha y los parásitos intestinales, es antitóxico y tiene propiedades depurativas para afecciones cutáneas, picores, etc., favorece la flexibilidad de los ligamentos, su acción es sedativa, reduce la grasa. Tomado en exceso provoca vértigos, pér-

> dida de conciencia, sequedad del paladar, de la garganta y de los labios, sensaciones de quemazón y de alta temperatura del cuerpo, pérdida de fuerzas, temblores, dolores en forma de roturas, dolor de espalda, de los costados y de las extremidades del cuerpo.
>
> El sabor amargo sirve para restaurar y abrir el apetito natural, como purificante en caso de úlcera y curativo en caso de dermatosis, disminuye la sed, es antipirético, purifica la leche materna, seca las secreciones mucosas, la grasa, el pus. Tomado en exceso, provoca la debilitación de los miembros, lumbagos, convulsiones, parálisis facial, fuerte dolor de cabeza, dolores en el cuello, mareos y dolores ardientes y cortantes.
>
> El sabor astringente posee virtudes purificantes, licuefactibles relajantes, disminuye las secreciones de los miembros y de las mucosas. Tomado en exceso, ataca el corazón, provoca sequedad de lengua, distensiones de…

Estos dos textos tendrán que servir, por lo tanto, de discurso a uno o varios revolucionarios. ¡Estos textos no han sido escritos, por supuesto, para este tipo de reuniones políticas! Pero este ejercicio lleva a los participantes a trabajar, sobre todo, el tono de voz, las actitudes corporales y la distanciación.

Ambos grupos se separan y cada uno se traslada a una habitación. Se les concede media hora para preparar alguna cosa. Transcurrido este tiempo, se le pide a un grupo ver la preparación del otro. El grupo uno (texto sobre Brassens) ha creado «la atmósfera»: ¡La sala está llena de humo! ¡Las sillas están en desorden! Tres participantes leen el texto, unos tras otro, frase a frase, mientras los otros dos participantes viven las palabras con el cuerpo. ¡El tono es fuerte, los puños están levantados!

El grupo dos representa una asamblea política y una sola oradora subida a una silla lee el texto sobre los sabores. Los otros, sentados, silban, comentan, aplauden.

El ejercicio continúa ya que esta vez es el grupo uno el que trabaja sobre el texto de los sabores, y el grupo dos sobre el texto de Brassens. Se crearán dos trabajos completamente diferentes de los primeros, todos dando muestra de una imaginación muy fértil y de un sentido de puesta en escena sumamente cómico.

Al final de la jornada distribuyo a cada persona un trocito de papel donde he escrito una propuesta de ejercicio según la actividad profesional de cada uno de ellos. Por turnos, cada participante se sitúa en el centro del grupo y «se lanza» al juego propuesto:

- Para el ortofonista la propuesta es: efectuar un máximo de sonidos (cantando, gritando…).
- Para el profesor de gimnasia y de danza: ordenar a un alumno con pocas dotes y poco cooperativo cinco minutos de preparación corporal utilizando tan solo el lenguaje verbal.
- Para una maestra: primera salida en bus a la piscina mañana. Dar todos los consejos útiles a los alumnos (material que hay que llevar, precauciones que hay que tomar...).
- Para una estudiante: en la mesa de una cafetería, junto a una amiga, comentar una película que acaban de ver.
- Para un profesor de inglés: describirse en inglés en voz alta.
- Para una estudiante de secundaria: eslóganes durante una manifestación (practicar con el grupo).
- Para una estudiante de psicología: caricatura de las maneras de hablar de los participantes.
- Para un consejero de orientación: balance del cursillo.
- Para una enfermera: tranquilizar a un enfermo.
- Para un profesor de francés: indicar el camino a un extranjero que pregunta por una calle.
- Para el monitor: realizar un ejercicio de relajación.

La jornada se acaba así.

Se pueden plantear otros temas para otras jornadas: el espacio, las improvisaciones, la creación colectiva…

Siempre es interesante que el monitor tome notas in situ de cada ejercicio propuesto, de cómo se ha vivido y sentido, y que vaya completando su fichero con juegos que irá inventando, poco a poco, con los hallazgos, las observaciones de la vida cotidiana propicias a un trabajo corporal. Y sobre todo, continuará trabajando, jugando con otros monitores, ya que ni este enfoque ni esta búsqueda se acaban jamás.

7

EL MATERIAL UTILIZADO

No hables constantemente de música con la boca, deja que se expresen los pies.

Música: instrumentos de percusión. Grabaciones musicales

Expresión del cuerpo a partir de una música

La música tiene una gran importancia dentro de la expresión corporal, ya que permite una relajación general de todo el cuerpo, entendida esta como un dejarse envolver por el ritmo, los sonidos y los movimientos que se convierten en involuntarios. Movimientos, que sesión tras sesión, son más armoniosos en la medida en que hay menos roturas (especialmente entre la parte superior e inferior del cuerpo respecto a la cintura) y en que la globalidad del ser expresa su sentimiento. Como un alga que se deja llevar por la corriente: a veces se agita en todos los sentidos siguiendo la intensidad de la corriente; otras veces se mueve de manera muy lenta pero siempre en armonía con el oleaje. Con la música se produce el mismo proceso: si el bailarín está rígido, recto, los sonidos «pasarán» sobre él como una gota de agua sobre una roca; por lo contrario, si está ya relajado se podrá impregnar de vibraciones sonoras que resonarán en todo su cuerpo, en toda su conciencia.

Sin embargo, se necesita a veces mucho tiempo para «desacondicionar» el cuerpo. Las costumbres adquiridas en las discotecas o sencillamente a causa de la moda del momento, hacen que al escuchar determinada música aparezcan rápidamente actitudes y clichés en la manera de bailar de la persona. El objetivo no es buscar que la expresión corporal surja de manera original, sino dejar fluir los movimientos reales que provienen de sensaciones auténticas.

Otro enfoque consiste en desacondicionar cierta manera de escuchar la música, reflejo de nuestros esquemas mentales, de nuestra cultura. Puesto que nuestro oído está acostumbrado a ciertos ritmos, tempos y combinaciones sonoras, algunas músicas bloquean la expresión de algunos practicantes. Se trata, por lo tanto, de desarrollar suficientemente la sensibilidad con el fin de dejarse penetrar, invadir por este estilo de expresión musical para conseguir la armonía con ella; hay que poder dejarse llevar, dejarse coger por esta especie de remolino para volver a encontrar una sintonía perfecta, profunda y verdadera gracias a los sonidos, primera manifestación de la energía cósmica.

En fin, pueden proponerse ejercicios a partir de ritmos, de sonidos, de música con el fin de trabajar la creación corporal (véase el apartado Los ritmos), sin contar con el posible trabajo de la coreografía (arte de escribir, de dirigir, de ordenar ballets, bailes).

Instrumentos de percusión

Los instrumentos de percusión que se encuentran en todos los comercios: maracas, claves, xilófonos, tambores, bongos, panderetas tienen un gran inconveniente: suelen ser caros. Pero desde un punto de vista sonoro, tienen la ventaja de ofrecer una muy amplia gama de matices y ser de uso fácil. Todos los instrumentos de percusión utilizan la expresión de las manos, que no sólo obligan a relajar el cuerpo y a deshacerse de las tensiones acumuladas (si no el juego sería imposible), pero aportan una mejor circulación de la energía, especialmente los tamtanes y los bongos. El contacto directo con el instrumento moviliza, a medida que se utiliza, todo el cuerpo, que se deja llevar por el ritmo y se convierte él mismo en este ritmo.

Otra posibilidad, muy agradable para los ejecutantes, consiste en construir ellos mismos los instrumentos. Para algunos supone un mínimo de conocimientos, para otros, simplemente un poco de imaginación.

A modo de ejemplos, voy a citar la fabricación de maracas con un envase de yogurt rellenado de arena o de pequeñas canicas de acero o de plástico, pegado sobre una tablilla que hará de mango.

Dos mitades de un palo de escoba, que se golpeen entre sí, pueden perfectamente servir de lo que en las tiendas de instrumentos musicales se laman claves.

O también un recipiente de galletas vacío recubierto con trozo de plástico pegado con cinta adhesiva. Con ayuda de unas varillas de madera se convertirá en un tambor...

Otra posibilidad todavía más sencilla: utilizar todos los objetos de nuestro entorno.

Tocando yo mismo en un grupo de blues, utilizo dos cucharas soperas que golpeo entre sí para dar ritmo. Basta el golpeteo de una botella o una cacerola con un tenedor, o de una silla con las manos para producir un ritmo. Existen pues decenas de posibilidades en las que ni soñamos y que tenemos muy a mano.

Finalmente, una última posibilidad consiste en servirse sencillamente del cuerpo:

- Los ruidos, los sonidos, acompasados con la voz, con la lengua, con un silbato.
- La percusión de las manos entre sí, sobre los muslos, sobre las rodillas.
- El chasquido de los dedos, el ritmo de los pies.

Vemos, por lo tanto, que las posibilidades de crear sonidos son infinitas. Aquí, una vez más, hay que saber cómo volver ser un niño jugando con todo.

Grabaciones musicales

La selección de músicas propuestas es muy importante puesto que hay que respetar el nivel de evolución de cada uno. Dos enfoques pedagógicos son posibles: se propone a los participantes expresarse corporalmente a través de una música cuyo ritmo y melodía no corresponden a los criterios habituales de una «música bailable». Rápidamente los participantes van a tomar conciencia de sus dificultades, es decir, de su incapacidad para armonizar su cuerpo con esta música.

Segunda posibilidad: se propone escuchar un clásico de la expresión corporal o de la expresión bailada correspondiente a criterios musicales del entorno, luego se irán programando músicas más rebuscadas, con ritmos menos usuales. Esta manera de trabajar tiene la ventaja de respetar la evolución de cada participante. El otro método puede agredir la sensibilidad condicionada de cada uno, ya que la apertura de espíritu no se realiza de un día para otro y aún menos la apertura corporal. Pero estos dos enfoques, lejos de ser antagonistas, pueden ser complementarios.

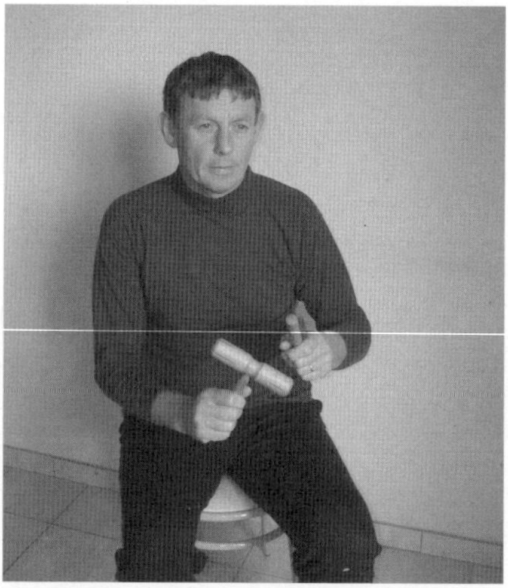

Fig. 7-1. Si existen dificultades de expresión con una música, la utilización de instrumentos de percusión permite impregnarse del ritmo y de los sonidos. El movimiento de las manos se propaga por todo el cuerpo y, al reforzarse la armonía, cada participante se ve más estimulado para expresarse más libremente.

Para prevenir el riesgo de que surjan estas dificultades y guiar a los participantes a la escucha de diversas músicas, puede emplearse un método muy sencillo: la grabación, que permite todo tipo de manipulaciones y combinaciones musicales, cortes, silencio (guardar el ritmo sin la música), mezcla de música y sonidos, efectos de sonoros.. Sin olvidar su eventual utilización a la hora de trabajar con la voz, los sonidos y el lenguaje verbal.

Sin embargo, la música grabada no tiene que ser una receta preparada. Tiene que servir de base y de ayuda al desarrollo, a la apertura corporal, de tema para el juego de lo imaginario, de preparación para la relajación. Es muy fácil imaginar la expresión corporal absolutamente ligada a la música. No es en absoluto una necesidad. La expresión corporal y el arte del movimiento deben permitir a los participantes, a través del estudio del gesto, el redescubrimiento o el mantenimiento de su sensibilidad y de su modo de expresión, es decir, que el terreno del cuerpo permanezca fértil. Para ello hay que mantenerlo de tal manera que cualquier simiente hará germinar semillas que aunque no sean magnificas, tendrán al menos raíces sólidas. La música facilita el flujo de energía que concede al cuerpo movilidad y armonía. Al final del libro propongo una discografía orientativa.

Fig. 7-2. Instrumentos de percusión de todo tipo sirven para la expresión corporal.

Textos. Artículos. Objetos. Entorno

Es difícilmente imaginable, al menos al principio del trabajo de expresión corporal, el estrecho vínculo existente entre el registro del lenguaje verbal y el gestual. Para convencerse de ello hay que observar los labios y las mandíbulas de personas acostumbradas a hablar (periodistas, conferenciantes...); es evidente que la dicción requiere una gran relajación de toda la musculatura facial, pero también una buena respiración: así se entiende mejor el significado de las palabras y expresiones familiares como «articular, articulación, mandíbulas, etc., no comerse las palabras, hablar mucho, tener una lengua bien afilada».

Del mismo modo que se consigue respirar mejor gracias a una apertura costal (clavicular y abdominal), se tendrá una mejor dicción gracias a un trabajo bucal, a la relajación de las mandíbulas, y también a un trabajo a nivel del diafragma.

Hablar no es una facultad exclusivamente mental sino una función relacionada con todo el estado corporal; sólo hay que observar a una persona enojada o a un estudiante en un examen: la primera se deja llevar por la fuerza de las palabras, mientras que el segundo pierde la mitad de sus facultades a causa de la angustia que se manifiesta con temblores, sudores y dificultades en el habla.

Pero afortunadamente, existen varias posibilidades para trabajar estos modos de expresión que son muy utilizados en una sociedad en que las palabras son una forma de comunicación muy potente:

Ante todo, a través de textos poéticos, en los que estacan sobre todo la sonoridad de las palabras y el ritmo de las frases. Ya sean textos clá-

Fig. 7-3. Trabajo con un texto.

sicos (Ronsard, Hugo, Baudelaire) o textos más contemporáneos (Prévert, Breton, Vian), la dicción será al principio la base del trabajo: leer con voz clara, sin farfullar, respetando la puntuación y aportando cierta entonación. Poco a poco, los ejercicios se implementarán con el aprendizaje del texto con el fin de leerlo mirando a los demás, la multiplicación de las entonaciones y la lectura de un texto a los demás.

Finalmente vendrán los ejercicios corporales que no deberán hacer un uso dual del texto, sino aportar mayor intensidad dramática subrayando un pasaje o sencillamente una palabra (como complemento a este ejercicio, véase en el capítulo I el apartado: Las palabras).

Estos textos poéticos podrán ser compuestos por los participantes; poesía significa creación y escribiendo es como uno se convierte en creador, poeta (es decir que uno se da los medios gracias al manejo de las palabras para traducir nuestra visión del mundo o para expresar nuestros sentimientos profundos). Al igual que para la música, el acento se pone sobre la «carga» sonora de una palabra y sobre las múltiples maneras de percibirla.

Pero no sólo se utilizarán textos poéticos. Los artículos de los periódicos, por ejemplo, son una fuente inagotable de trabajo escénico: se prestan a la reflexión a través del humor, de lo absurdo, otras tantas armas extremadamente eficaces para sacudir el polvo de los espíritus. Para promover su venta, los periódicos deben tener grandes titulares que despierten el interés del lector: el artículo que relata cualquier hecho o evento es reducido a mínimos convirtiéndose casi en el título de un drama. (Ocurre lo mismo con prácticamente todos los anuncios de agencias de viajes, de casas en venta, de folletos políticos...)

Para ilustrar estos comentarios tomaré el ejemplo de un artículo extraído de un semanario francés de gran tirada: «La poderosa América ensordece ante la angustiosa llamada de Vietnam del Sur».

A partir de este titular discurre la imaginación: una mujer grande y fuerte, vestida como la típica activista americana durante unas elecciones a la presidencia, intenta escuchar a través de una trompetilla lo que le grita un pequeño vietnamita asustado. A partir de ahí se multiplican las posibles interpretaciones, tanto en relación al vestuario como a las situaciones o a las áreas del lenguaje verbal. También puede promover la participación de otras personas para una creación colectiva ya sea burlesca o muy seria, siempre con esta disposición de espíritu que permite la creación a partir de la nada y que puede convertir lo banal en extraordinario. ¿Cuántas imágenes y sonoridades diferentes puede tener una palabra?

Este es el espíritu con el que se debe emprender este trabajo de investigación sobre el lenguaje, lo que no excluye aprender textos de memoria para ejercitarla. Pero prescindir del primer significado de un texto permite percibir la realidad escondida.

Si la palabra es el vehículo del pensamiento, hay que aprender a dominarlo, a conocer todas sus posibilidades para conducir mejor el pensamiento.

En cuanto a los objetos y al entorno, deberán estar al servicio del intérprete para ayudarle en su expresión; los alumnos deberán buscar siempre la sobriedad, la simplicidad, y sus relaciones con el «mundo exterior» serán un pretexto para el desarrollo de su interior: ¿Cómo traducir corporalmente los colores de las paredes que me rodean? ¿Qué relaciones voy a tener con la silla ubicada en el centro del espacio, con la sábana aportada por el monitor? ¿Cómo puedo improvisar con un pañuelo tirado en el suelo o una mesa colocada en un rincón de la sala?

Este perpetuo intercambio entre el exterior y el interior (o al menos, lo que en un principio nos parece así) y la observación de la relación resultante permiten un mejor conocimiento de uno mismo y del mundo.

La mente, una herramienta valiosa: el aprendizaje de la verbalización

No es la mente la que debe imponer su ley, somos nosotros los que debemos aprender a utilizarla.

Después de varios ejercicios, es importante que los participantes sepan «verbalizar». Este término utilizado, a menudo en actividades grupales, significa que los alumnos utilicen el verbo, el lenguaje hablado para expresar sus sentimientos: cómo han vivido el o los ejercicios propuestos, qué les ha gustado, cómo los han abordado, qué pueden decir de la relación con uno o varios miembros del grupo, etc. La verbalización permite por lo tanto un mejor conocimiento de uno mismo utilizando el juego o el ejercicio anterior, a los demás, al monitor, como si fueran espejos que permiten ver con más claridad y profundizar en uno mismo. Por otro lado, se trata sobre todo de poder expresarse ante los demás, hablarle al grupo de manera concisa sobre lo que ha pasado. Sin embargo, se percibe muy rápidamente la ambigüedad creada por este lenguaje verbal, ya que permite esclarecer, aportar más luz sobre uno mismo y el mundo, aunque a menudo también «confunde»: algunos participantes lanzan grandes discursos cuando solo bastarían unas pocas palabras. Por esta razón, pueden establecerse algunas «reglas del juego» al principio de la formación del grupo. He aquí algunas de ellas, muy prácticas, que sólo pueden favorecer la claridad, el rigor del enfoque escogido y evitar así los terrenos pantanosos de las discusiones de salón, que son en general estériles.

La primera consiste en emplear la primera persona del singular al evocar nuestras propias experiencias. Muy a menudo, cuando un participante se expresa en lugar de utilizar el «yo», recurre a los pronombres personales «se» y «tú», reflejo de costumbres sociales, de la educación recibida o de problemas personales que quedan así escondidos detrás de una especie de anonimato. Esta regla del «yo» permite identificar un problema muy preciso, problema entendido como todo aquello que obstaculiza el conocimiento de uno mismo.

La segunda regla es el «yo paso». Si un miembro del grupo no quiere o no puede decir nada, debe informar a los otros tanto para adquirir cierto compromiso (la indecisión impide un trabajo de evolución) como para dejar que los demás se expresen. Se limitará el tiempo de la sesión para evitar la dispersión, la espera, que no hacen más que incrementar las dificultades, dificultades que suelen manifestarse por una respiración corta y superficial, y otros síntomas como la aceleración del ritmo cardíaco o un hormigueo en la punta de los dedos.

Finalmente, la tercera regla será la de no caer en discusiones de salón, en las que cada uno expresa sus ideas y sentimientos en medio de una gran confusión, válidas quizá para algunos programas de televisión o de radio donde todo el mundo discute a la vez y nadie escucha, pero seguramente poco positivas para un trabajo de evolución personal.

Además, no se trata de estar o no de acuerdo, sino de que cada miembro pueda expresar su visión de las cosas, mientras los demás, a través de una escucha atenta, se sirvan de este discurso como de un espejo que les remitirá constantemente a su propia visión. La escucha es un medio privilegiado para ensanchar el ámbito de la conciencia y mejorar la comprensión mutua.

Pero es evidente que cada monitor tiene su propio método de trabajo y que existen muchas otras posibles actividades. No obstante, no tener en cuenta estos momentos de verbalización puede llevar rápidamente a un tipo de «expresión corporal–consumo» en que los participantes sólo acudirían a realizar irreflexivamente lo que se les propone (en el sentido de «reenvío a uno mismo»), totalmente lo contrario de una concienciación de uno mismo, de una evolución hacia una mayor autonomía y por tanto hacia una mayor libertad.

8

CRÍTICA DE LA EXPRESIÓN CORPORAL

El monitor y el grupo

Dale un pescado a un hombre, lo alimentarás durante un día; enséñale a pescar, lo alimentarás para toda la vida.

El monitor es la persona que sabe dinamizar. A través de determinados métodos, de técnicas aprendidas y asimiladas, y sobre todo gracias a su presencia física, a su personalidad y a lo que transmite, es capaz (o no) de interesar, de hacer practicar, trabajar, colaborar y estimular a un grupo de personas. Consciente o no, queriendo o no, o incluso haciendo lo imposible para evitarlo, su función implica poder, un poder que tiene gracias a su estatus, que los participantes le otorgan por su educación (que, hasta hoy y desde tiempos inmemoriales, se ha revelado ser una educación autoritaria y patriarcal).

Por esta razón, se puede proponer un mismo trabajo de manera completamente diferente según sea la persona que anima el grupo. Una manera de actuar consiste en utilizar el autoritarismo: el animador abruma al participante con injurias, amenazas (orales o físicas), sarcasmos, burlas, etc. A este respecto, siempre recordaré mi primera clase de karate (en la Universidad de Caen): debíamos ejecutar flexiones sobre un suelo de cemento. En aquella época apenas tenía fuerza y mi capacidad pulmonar era escasa. Me era imposible realizar este ejercicio pese a mi buena voluntad. El monitor o profesor, no importa la etiqueta que le ponga, se aproximó a mí y me dijo en tono autoritario (tipo cabo): «O haces este ejercicio o te doy». Frágil en el plano físico pero no en el intelectual, le contesté fríamente «...o me largo...». Mi primera experiencia había durado diez minutos. Afortunadamente, una semana más tarde descubrí a un auténtico maestro de karate.

No niego que algunos sujetos necesiten este tipo de estimulación; prueba de ello es el placer que sienten algunos soldados ejecutando los estúpidos ejercicios de unas prácticas o una marcha al paso. ¿A qué se debe esta necesidad de obediencia, de sumisión, cuando un simple recorrido gimnástico resulta mucho más agradable?

Otro método puede consistir en no proponer nada, en dejarlo hacer todo: es esa famosa pedagogía «no directiva» de la década de los setenta, tan mal entendida por algunos docentes. No proponer nada a personas que «intentan sentir sus cuerpos» por primera vez sería como dejar a alguien un instrumento de música sin enseñarle los principios básicos de su funcionamiento (puede ser, especialmente para los niños, una manera de dejarles descubrir un medio de expresión permitiendo que sientan, toquen, jueguen con el instrumento). Pero el cuerpo es a la vez objeto y sujeto, y la sensibilidad ha sido tan asfixiada por la educación o el entorno familiar, que es muy difícil descubrirla por uno mismo sin propuestas ni estímulos.

Otra manera de abordar el trabajo puede consistir en «hacer de madre» de los participantes, y, con un lenguaje de Mamá Gallina a sus Polluelos, hacerlos trabajar mimándolos, cubriéndolos de comentarios pueriles: «Sí, muy bien», «Sí, eso es», «Venga, no tengáis miedo...». A largo plazo, esta actitud implicará una gran dependencia (también por parte del monitor, que se convertirá en un «segundo papá» o una «segunda mamá» de «sus» alumnos).

Finalmente, otra forma de animación sería la que discurre por el justo medio y es naturalmente la que yo me esfuerzo en aplicar: hacer una propuesta de trabajo y esperar que cada participante acepte o no de vivirla. Ello requiere mucho tiempo, pero para mí es también importante que un participante viva el momento, rehúse vivirlo o no pueda vivirlo.

De todas maneras, lo vivido nunca es neutro y siempre pasa algo. Después de una propuesta, he esperado a veces media hora hasta que se despierta una reacción corporal. Pero entonces... ¡qué profundización de la conciencia de uno mismo!

Esta forma de trabajar hace que el participante vuelva a sí mismo y tome su propio compromiso corporal. Para mí, la función del monitor consiste sólo en proponer y convertirse en una lente de aumento, en un «guardagujas» corporal. Tiene que saber «estar» con su presencia y «estar presente» con su ausencia. De todas maneras, el monitor debe trabajar constantemente sobre sí mismo y revisar continuamente sus métodos de trabajo para renovarse y criticarse, y ser siempre más creativo.

Creo que el gran problema de los docentes, de los animadores y de los educadores es que dejan de trabajar sobre sí mismos cuando acaban sus estudios, sea porque les falta o no se les concede tiempo (ni los medios en las instituciones donde enseñan), sea porque no se lo toman (por negligencia o porque piensan que ya lo saben todo).

A mi parecer, es lo que diferencia el saber del conocimiento: el conocimiento es una perpetua renovación de la energía corporal, una integración total de lo vivido.

El saber queda muchas veces a nivel de cerebro. Algunos monitores trabajan con la cabeza, otros con su energía corporal; finalmente, más escasos son aquellos que usan ambas. En este caso, ya no se trata de una relación de poder, sino, una vez más, de un intercambio de energía: dar-recibir. Con el transcurso de los años, queda probado que cuanto más se da, más se recibe.

El animador tiene por tanto un papel social respecto a un grupo (como cualquier persona que se considere marginal, anarquista, «fuera del sistema»). A través de su discurso dirigido a un grupo de participantes, es obvio que puede influir en su auditorio, es decir canalizar un cierto flujo. Un monitor de izquierdas no tendrá el mismo discurso que otro de derechas.

Un discurso jamás es objetivo. El monitor hará trabajar a los participantes sobre temas que le son preciados, en los cuales ha pensado, que le «tocan de cerca». Pero siempre dentro de esta óptica de estimulación y no de autoritarismo (directo o indirecto), el profesor no puede, en absoluto, dar una respuesta a un problema expuesto por un participante. Es la persona misma quien debe encontrar su propia respuesta, tomar su propio compromiso.

El animador está aquí para hacer pensar, no es ni un predicador (¿existen las «buenas» palabras y las «malas» palabras?) ni un líder político lleno de convicciones, confiando en la línea del partido. Tanto unos como otros creen firmemente «poseer» la verdad. En mi opinión, las verdades de los demás oprimen. El papel del monitor consiste en armonizar las relaciones humanas, facilitar la comunicación entre los seres, concienciar a las personas de su propia realidad para que descubran sus posibilidades de expresión; no debe comportarse como un experto que cree tener soluciones para todo.

¿Cómo ponerse en el lugar de otro para saber qué considera que está bien o mal, qué le conviene, qué siente? Es muy tentador sentirse jefe, guía, líder, situarse «delante», en fin, hay que dejar caer la palabra, ser el «maestro». ¿Acaso es utópico pensar que gracias a una buena educación cada uno puede ser su propio maestro? Que cada uno deje de esperar una autorización superior para decidir sobre su vida, sobre lo que le conviene o no, que actúe sin ninguna autorización con el fin de experimentar, escuchando tan solo el deseo de su cuerpo, los impulsos de su corazón, las demandas de su mente, o simplemente que viva los azares de la vida con intensidad. No esperar la autorización de los demás para actuar. Es muy fácil seguir la línea política del momento. Sin duda constituye un placer poder saludar o aplaudir al ser que sabe plasmar los fantasmas corporales de cada uno en bellos discursos o en grandes manifestaciones de prestigio o en nuevos significados corporales (el saludo hitleriano, el puño cerrado de los revolucionarios, la V de victoria). ¿Cómo establecer entonces una verdadera comunicación si esta tan sólo es un intercambio de signos culturales idénticos y no un auténtico sentimiento profundo y sincero?

Por tanto, un verdadero conocimiento de uno mismo implica eliminar caparazón cultural que desde la infancia modela al individuo y lo hace actuar y reaccionar siguiendo un esquema codificado. Así pues, el papel del monitor consiste en concienciar a cada uno (siempre respetando su ritmo de autoanálisis) de su lugar en la sociedad, de su funcionamiento interior cuando se encuentra en una situación determinada y de la calidad de las relaciones que mantiene con los demás. Es, de alguna manera, un papel de comadrona, ¡el Sócrates corporal! Actuar para que los participantes caven y caven todavía más para alcanzar su centro. Que sean realmente ellos mismos, es decir con una gran sensibilidad corporal y no supeditados a los códigos sociales y al lenguaje. Pero se trata de un papel difícil para el que es necesario mucha experiencia, una gran sensibilidad, una auténtica escucha de los otros y una capacidad de «sentir» un grupo. Es evidente que no se podrá trabajar de la misma manera con adolescentes, con personas maduras (¿?) y con personas mayores, y que el enfoque corporal será distinto según el grupo social al que pertenezcan los alumnos.

La verdad es que vivimos en una sociedad donde existen diferencias de clase y no hay que llegar como un salvador, sino de tener en cuenta que, cuando se trata del cuerpo, todos los individuos son iguales, que no existen diferencias de clase, diferencias evidentes al menos sobre dos planos:

El primero se refiere a si se ha recibido o no educación corporal. Es evidente que una persona se verá favorecida en cuanto al desarrollo de su sensibilidad, a un mejor conocimiento de sí misma si desde temprana edad ha conocido algunas técnicas corporales. La educación recibida por los propios padres y su posibilidad de recabar información harán que no tengan prejuicios ante algunas actividades: por ejemplo, que la danza está reservada a «los ricos»; que el teatro es una actividad marginal «guarida de drogados, de intelectuales de izquierdas...». «Una chica tiene mejores cosas que hacer que el payaso», me dijo textualmente la madre de una de mis alumnas que quería hacer expresión corporal. En cuanto al yoga, no sólo se asimila a una secta, sino que parece reservado a personas flexibles y tranquilas.

Además, estos prejuicios se unen a la imagen del hombre y de la mujer: el primero deberá ser fuerte, viril, combativo; la segunda, tierna, grácil y sensible.

El segundo plano es el del tiempo y el dinero disponibles, que, en mi opinión, están muy ligados: el tiempo para llevar a los hijos a sitios donde haya actividades y el dinero necesario para la inscripción, los gastos en la ropa, etc. E incluso si estas actividades pueden ser casi gratuitas, hay que tener cierto estado de ánimo para realizar estos pasos.

En algunas empresas que cuentan con instalaciones deportivas y bares, hay que tener mucha voluntad para llevar a los hijos a otro sitio que no sea el club donde juega papá, o al sitio donde el hermano mayor es el mejor anotador y donde, oh fraternidad del deporte, el jefe también juega.

Por mi parte, siempre me resulta difícil hablar en términos generales: obreros, campesinos, profesores... Por supuesto, se trata categorías, pero son numerosas las influencias, las sensibilidades que hacen que personas que viven en un mismo entorno, que tienen el mismo trabajo sean tan diferentes unas de otras. Si uno sabe escuchar al prójimo, lo mejor queda para mañana...quizás...

El papel del animador no es limar diferencias, ni uniformizar a los individuos, ni igualar las sensibilidades, sino todo lo contrario, es decir, hacer que los alumnos tomen conciencia de las diferencias respecto al otro (y es ahí donde reside el problema), que no es en modo alguno ni inferior ni superior, ya que una misma energía conecta a los seres humanos y todo lo que está vivo, que todos somos a la vez parecidos y diferentes, únicos y universales, fuertes y débiles, tiernos y violentos. Esto no significa que estemos divididos (aunque todo el trabajo corporal, a causa de nuestra civilización, consiste en reunificar cuerpo y mente), sino que existe en nosotros la dualidad universal que se encuentra en el taoísmo o, más recientemente, en los trabajos del análisis transaccional (existe más bien en nosotros una dualidad complementaria).

Cabe decir que cuando escribo que el papel de un animador es de... no impongo ninguna regla a nadie ni predico ninguna nueva concepción de la animación. No hago más que teorizar mi práctica y exponer mi punto de vista que sólo me incumbe a mí. Aquí también es importante ser lúcido sobre las razones que empujan a alguien a escribir, a hablar de una actividad desde un plano teórico. Esta actitud no es ajena ni a la toma de poder ni a una especie de exhibicionismo a través de un intermediario: el libro.

Este párrafo podría dar lugar por sí mismo a un libro de reflexiones sobre el estatus y el papel del escritor, que es de alguna manera una animación espiritual. ¡Varios años para componer un conjunto de páginas y dos o tres horas para leerlo! Escritor, artesano de la reflexión, abeja para flores espirituales.

Todo me conduce ahora a llevar mi reflexión sobre el estatus del animador: en un mundo donde la política es reina y el dinero, rey, oficialmente la persona que trabaja en lo que en Francia se llama M.J.S (Casa de la Juventud y de la Cultura), recibe el nombre de «animador socioeducativo». «Animador», el que anima. «Socio», dentro de un cuerpo social. El animador también puede ser independiente, y tiene entonces una profesión liberal. Puede ser contratado por una empresa privada o por una federación. Puede trabajar a tiempo completo o parcial (por horas). Su formación puede ser académica o no reglada. En mi caso, he trabajado como responsable de varias actividades corporales, y cuando me he «sentido» preparado, he empezado a organizar fines de semana y cursillos. Luego, un director me contrató para una sustitución y fue cuando creé un taller de expresión corporal.

Otro tipo de formación consiste en tener un oficio (relacionado o no con la animación), haber vivido actividades corporales uno mismo y proponer a grupos un trabajo más allá de su profesión. Un problema importante es encontrar un espacio para trabajar con regularidad. Algunos animadores también pueden haber recibido una formación que yo llamo «frontal»: Universidad, libros, investigación, exámenes. Una desproporción entre el trabajo corporal y un trabajo «de cabeza». Siempre el mismo problema entre el saber y el conocimiento (en hebreo se utiliza la misma palabra para conocimiento… y hacer el amor).

En mi opinión, la mejor manera de animar de verdad «vitalmente» consiste en vivir en lugares completamente diferentes, pasear por las calles de noche, frecuentar cafés, observar lo que pasa a nuestro alrededor, en nuestro propio interior, en la vida cotidiana, es decir, hay que «haber vivido»: experiencias, alegría, sufrimientos, amor, pasión, fracasos, dudas, sentir los sentimientos de otros, escuchar la historia del otro. ¿Cómo entender los problemas de un grupo en que cada uno tiene un pasado, una profesión diferente?

Hay que haber trabajado en una fábrica para saber qué es una cadencia, tener un poco de dinero para apreciar el valor de un billete de 5 euros (¡o tener una imaginación desbordante digna de grandes comediantes!). Para mí, el oficio de animador es una actividad a ras de suelo, no de altos vuelos. Las consideraciones metafísicas pasan por detrás de las físicas (el cuerpo, la alimentación, la vivienda, el espacio de trabajo, el salario, el tiempo libre). ¿No es pues un privilegio poder escribir un libro gracias a la educación y al tiempo libre?

Me puedo permitir reflexionar sobre la expresión corporal porque he solventado algunos problemas materiales y también tengo la ventaja de vivir unas situaciones a las que un funcionario no tiene acceso: el encuentro con delincuentes una tarde de ocio, una noche en compañía de drogadictos, una discusión con unos jóvenes que han pasado la noche en una sala de fiestas, alrededor de un café a las cuatro de la mañana, una tarde con marineros esperando la próxima marea. Se trata pues de la observación del cuerpo en sus vivencias cotidianas, en su sinceridad, su intensidad, a través de un gesto trivial. Llega entonces el momento privilegiado de las sesiones: la reproducción del gesto dentro de la propia realidad, sea una magnificación del mismo para desmontar su mecanismo y mostrar sus particularidades, sea ir hacia la simplificación del gesto para preservar solo lo esencial de su significado.

Para trabajar el gesto lo importante es el aspecto creativo del trabajo de expresión. ¿Cómo saber si un gesto es creativo o no? ¿Qué diferencia existe entre un cuerpo creador y otro cuerpo? La conciencia del movimiento, es decir la atención que se le presta. Por esta razón, una actividad gestual sin ningún significado (ni para el practicante ni para los eventuales observadores) puede dar lugar a un trabajo interesante: el propio gesto en toda su gratuidad o al menos con el objetivo de desarrollar la sensibilidad, el propio sentido de la estética corporal, la dinámica de la energía. Si realmente alguien se obstina en triunfar en el gesto, puede jugar a la petanca, a los dardos o a los bolos.

Bajo esta óptica de trabajo, el monitor sólo está aquí para marcar un camino, y los participantes, gracias a su propio recorrido interior y a la comprensión que tienen de la propuesta, realizarán el gesto, vivirán la situación o...no la vivirán (en tanto que movimiento). Una vez lanzada una propuesta, la situación nunca es neutra puesto que siempre existen razones para que el participante o los participantes actúen o no.

Lo importante es que perciban, que observen (en otro contexto habría dicho que analicen) su estado, su actitud corporal, su relación con el momento presente.

¿Quién participa?

Son muchos los que van por el buen camino pero pocos los que son conscientes de ello.

Resulta muy edificante tratar con personas de horizontes diferentes por su condición social, su edad o por los motivos de su asistencia.

La edad de los participantes va de los quince a los sesenta años, edad física ya que los mayores tienen a veces el espíritu más joven que los jóvenes.

Saber trabajar divirtiéndose requiere mucha disponibilidad y sobre todo no tener miedo a ser tildado de «ridículo». Y los mayores, en su mayoría, ya han pasado la etapa del «qué dirán». Lo apasionante es la visión que da cada uno a las propuestas, ya que esta visión de las cosas debe hacerse a través de su propia experiencia y no de clichés: a tal edad se hace esto, a tal edad lo otro. Quienes hayan tenido la suerte de aplaudir «Harold y Maude» deben haber recibido una gran bocanada de calor humano.

Las motivaciones que empujan a las personas a venir a las sesiones son muy diversas.

Para algunas es una auténtica necesidad de expresión, tienen que encontrar el o los medios de expresar su imaginación, de comunicar a los otros qué son y cómo perciben la realidad. Para otras es el deseo de comunicar, de hablar, encontrarse con seres que tienen las mismas preocupaciones y las mismas dificultades. Encontrarse con semejantes para compartir, y lo no verbal ofrece esta posibilidad. Para otras se trata simplemente de un pasatiempo más. Se asiste un poco por curiosidad, para «ver» lo que se hace, para pasar una velada por semana, cuestión de salir de la rutina, quizá una manera de luchar, de salir de ese vacío que perciben en su existencia (de esta manera algunos individuos pueden situarse en el mundo en función de los demás).

Para otras personas se trata simplemente de mantenerse en forma, de relajarse o de desahogarse, de vivir lo que se impiden vivir a diario: los que encuentran una vía para conocerse mejor; los que buscan una dimensión teatral en su contexto exhibicionista o lúdico. Como se puede apreciar, son múltiples las motivaciones conscientes.

Cabe mencionar también la necesidad de juntarse en grupos (¿o de reagruparse?) en una época en que los seres están separados, encerrados en su parte mental, en que la comunicación se realiza vía intermediarios (tele, radio o libros), en que la parte corporal ha cedido su sitio únicamente a la mental, con todos los trastornos, los malestares, las enfermedades, los comportamientos irrealistas que esto puede conllevar. La ternura, la comprensión, el escuchar al otro, son seguramente más importantes que largos discursos moralistas sobre la libertad, la felicidad (siempre futura).

Sin embargo, esta aparente diversidad no debe hacer olvidar las realidades sociales. Tomaré un ejemplo (sin caer en una militancia revolucionaria o en una que así lo crea): la revolución no sirve para nada si proviene del exterior y no de la profundidad de uno mismo.

Una revolución adicional de la Tierra alrededor del Sol no cambiará gran cosa en el Universo. Por otro lado, ¿se pueden prever las consecuencias de un cambio de nuestro núcleo, centro del Universo, el mismo Sol? ¿Y estas reacciones en cadena tienen consecuencias sobre los millares de otros universos?

Después de ocho horas de trabajo rutinario e incómodo, entra en juego el mecanismo de la compensación: comer, beber, fumar, sentirse libre para deambular, pasear, charlar con amigos. Los horarios están organizados para que todos los que trabajan puedan acudir. Pero ya he oído varias veces reflexiones del tipo: «Salgo del trabajo a las 18h, el tiempo de cenar, de cambiarme, de llegar, ¡y tengo que seguir corriendo!», sin contar las personas que trabajan temprano por la mañana, las que tienen que dejar a sus hijos al cuidado de alguien antes de venir. Sólo el hecho de asistir obliga ya a una elección: nuevas planificaciones horarias, hacer algo uno mismo sin la pareja o los amigos, disciplina semanal, gastos financieros (precio de las sesiones, el transporte), problemas muy ligados a la situación social. El tiempo se ha convertido en un dato fundamental de la calidad de vida, por lo tanto de diversidad social. La disponibilidad de tiempo es un elemento restrictivo, y pocas veces pueden participar personas del mundo obrero o del comercio. La mayoría de los alumnos proviene de la enseñanza (maestros, profesores, educadores, animadores), del mundo estudiantil, del de los empleados (empresas, bancos, servicios públicos...) y del mundo de los parados.

Dos causas de este fenómeno: el centro de interés ligado a la educación y a la información, y las actividades creativas en las que el individuo no se limita a consumir un producto de ocio y que aparecen raramente en los medios de comunicación. Y cuando una persona se interesa por un tipo de actividad que se sale de lo habitual, que rompe el triángulo trabajo-fútbol-lotería, está sujeta a risas y burlas, ya que la mayoría de la gente piensa todavía que la expresión corporal, el teatro, el yoga, el aikido, están reservados a una élite, que hay que tener tal o cual cualidad para «hacer» tal o cual actividad. Sin embargo se produce todo lo contrario: la práctica aporta la consecución de determinadas cualidades, y no es en nuestro entorno presente en el que se puede esperar una mejora de la concienciación individual. El estrellato, la creación artística institucionalizada persuaden al común de los mortales del carácter sagrado, secreto, del arte en general y de algunas actividades en particular (estado que de hecho satisface a muchos creadores). ¿Para cuándo reportajes sobre pequeñas compañías de teatro, de jóvenes cantantes noveles, de profesores de clases nocturnas? En fin, sobre todas las personas que devuelven el gusto por la creatividad, sobre todos los que la habían enterrado bajo una colección de prohibiciones, de renuncias, de autoconvencimiento: «Yo soy incapaz».

No obstante, desde mi punto de vista y dentro de la perspectiva de una evolución personal, es mejor que las personas que lo deseen acudan a las sesiones y que no sea el animador quien, de alguna manera, se vea lanzado al marco institucional.

Las personas deben esforzarse en asistir, en romper con sus costumbres y su rutina, y deben hacerlo desde una óptica personal. Este sentimiento de libertad es sumamente importante para la evolución de cada uno en una sociedad en la que la educación es tutelada por la autoridad, marcada por obligaciones, prohibiciones y coacciones.

La mayoría de los principiantes no realizan otras actividades corporales y sólo han conocido la educación física dispensada en el ámbito escolar, por lo que muchos sienten cierto hastío, un regusto a sufrimiento. Pocos son los que asocian la actividad corporal con la noción de placer.

Los participantes de un nivel más avanzado suelen practicar otras actividades corporales, que a menudo son muy específicas, lo que restringe sus posibilidades y pocas veces recurren a la llamada de la imaginación. Por otra parte, el trabajo duro para el logro del éxito, para ser el mejor, crea tantas tensiones que la actividad los cansa más que los estimula y no les aporta vitalidad alguna.

Para resumir y concluir, añadiría que cualquier actividad ejercida con suavidad, con la aportación del gesto, la respiración y la psique, es conveniente para toda persona cualquiera que sea su condición y edad.

Vivir nuestro cuerpo no requiere cualidad específica alguna.
El arte del movimiento armonioso está al alcance de todos.
Si el agua de un estanque está sucia y tranquila,
es porque ya no se mueve:
Devuélvale un ligero movimiento,
Y, pese a ser un estanque,
recuperará su calidad inicial…

Actividades corporales varias

Nunca se debe despreciar el valor de lo que se ignora.

Los enfoques del trabajo corporal pueden ser diferentes, pero los objetivos son los mismos.

Todos los medios de expresión son creativos.

La pedagogía del monitor es más importante que la técnica (manteniendo la proporción).

Presentación

Las sendas de la energía son tan variadas como los caminos que conducen a lo alto de una montaña. Algunos eligen las rutas ya trazadas, recorridos tranquilos para pasear como turistas. Otros quieren afrontar en seguida itinerarios abruptos; cuanto mayor sea la dificultad del camino, mayor será su deseo de recorrerlo. Otros, calculando los peligros del exceso, pero sin dejar de conocer el esfuerzo, eligen el justo medio. Unos queman etapas, suben en helicóptero, pero una vez arriba no saben cómo bajar por sus propios medios o se asfixian a causa del aire que no está hecho para ellos. Otros se quedan en la llanura observando a esos seres (que de lejos parecen minúsculos) que tanto se esfuerzan para llegar a la cumbre. ¿»Y después»? se preguntan. Otros ni siquiera saben que existe esta montaña cerca de ellos. Y están los que lo saben, pero que ni siquiera lo intentan, y, finalmente, los que la escalan en sueños.

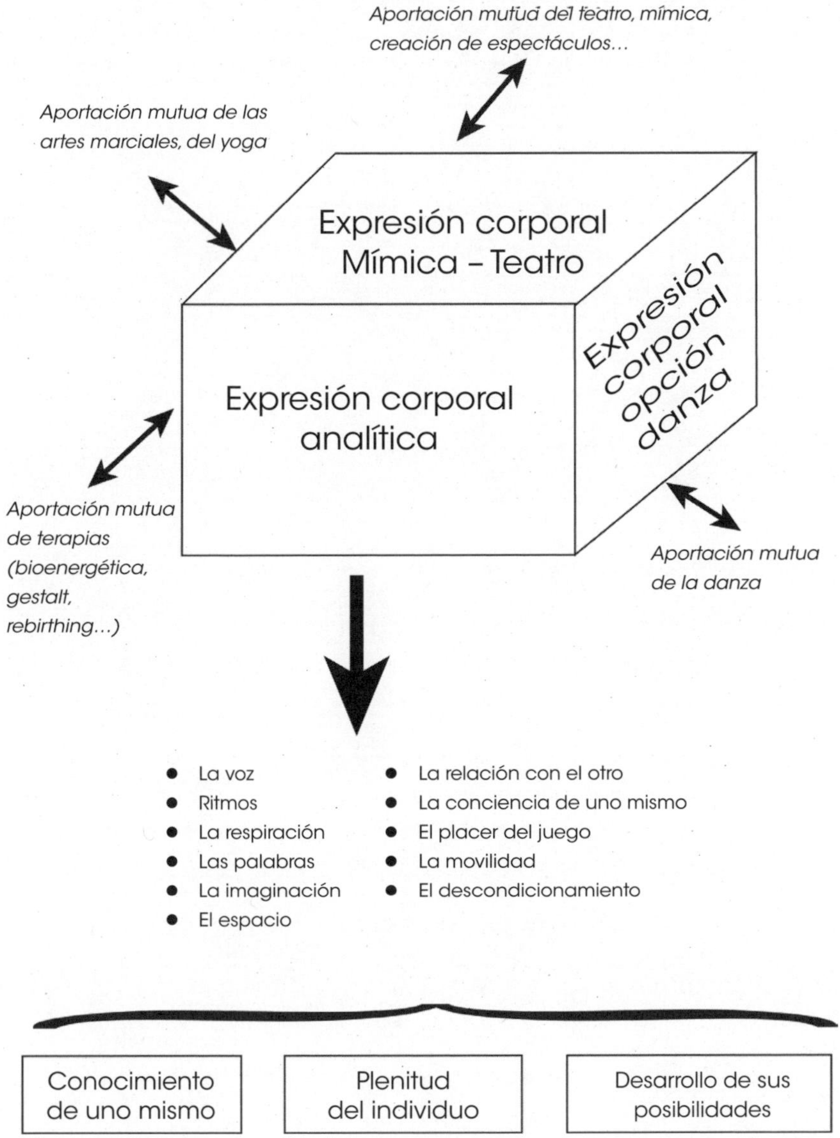

Las aptitudes y las tendencias de cada uno nos llevan a elegir un recorrido. Cuanto más difícil sea el camino, más necesaria será la ayuda de un guía.

Pero cualquiera que sea el camino, es primordial concederse los medios que faciliten el ascenso: preparación de las condiciones físicas, estudio de los mapas, charlas con los que ya han pasado por la experiencia, lecturas, utilización de un buen material, elección de un guía competente y de una época apropiada. Las vías de la energía actúan de la misma manera, pero la montaña está en nosotros; somos esta montaña, somos el camino: el ascenso es interior.

La energía cósmica está en nosotros
está a nuestro alrededor
espera que le abramos
el camino.
Hagámosle sitio
trabajemos nuestro cuerpo de carne.
A partir del vacío
nuestro ser estará lleno
de una dulce luz.

Otras actividades

Cada uno debe poder encontrar el camino que le conducirá a lo alto de la montaña...

El yoga: conjunto de disciplinas físico-mentales de la cultura humana. La traducción de esta palabra sólo puede restringir su significado. No obstante, puede significar «la unión» con uno mismo, con los otros, con el Universo, con Dios (dando a esta palabra el sentido que cada uno quiera darle). El yoga es una escuela de calma, de paciencia, de conocimiento y de control de uno mismo. Es probablemente una manera de vivir y un estado de ánimo.

Taï-chi-chuan: en este arte de origen chino se compara al hombre con un árbol de tronco recto y sólido, de raíces profundas (los pies), de ramas extendidas (los brazos). Unos y otros, flexibles y ágiles, se mueven en todos

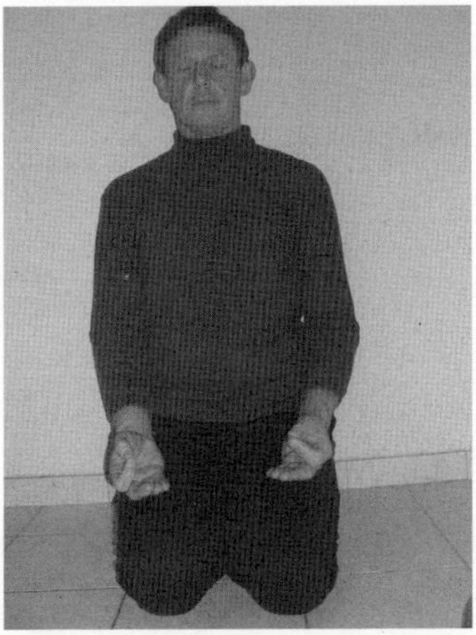

Fig. 8-1. El yoga: conserva la disponibilidad corporal y la calma mental.

los sentidos, pero quedan siempre unidos al tronco estable y vertical. Los movimientos realizados con extrema lentitud facilitan la circulación de energía y permiten el juego equilibrado de las fuerzas positivas y negativas de nuestro cuerpo, de tal manera que nuestro ser consigue, todo él, encontrar su propio equilibrio y su armonía. Además, la toma de consciencia de cada movimiento, su ritmo y su fluidez hacen del taï-chi-chuan un método de relajación y de concentración. Su práctica regular aporta una sensación de bienestar, profundiza la consciencia de uno mismo y desarrolla el sentimiento de su propia unidad.

Aikido: de origen japonés, este arte reciente (finales del siglo XIX) es a la vez un arte marcial, una filosofía, un arte de vivir y un medio terapéutico. Esta técnica de defensa, que excluye toda idea de competición, permite la armonía entre uno mismo y los otros. Aï: unión. Ki: energía. Do: vía. Vía de la unión física y psíquica de la energía. Este arte permite un equilibrio armonioso y una consciencia de nuestra globalidad. Los movimientos circulares nos relacionan con el universo y nos permiten conservar nuestra movilidad natural. La relación directa con el otro permite una apertura hacia el otro, una profundización de la sensibilidad corporal. Los ejercicios y las técnicas de combate dan al cuerpo una forma armoniosa y facilitan una mejor circulación energética.

Fig. 8-2. El Taï-chi chuan: concentración en el movimiento.

Arte dramático: definir el arte dramático es como recortar sus posibilidades de expresión. Dramatizar es amplificar un evento, un sentimiento, una idea con el fin de expresarlos según las concepciones del autor, del director de escena, del actor, de la compañía, según los códigos propios de cada etnia y de cada época. Bajo esta óptica, la representación puede adelantarse a su tiempo y sorprender a los espectadores. Como todo arte, requiere una sensibilidad muy fina, un sentido de la observación, una asiduidad a los ensayos, un compromiso total de la persona para actuar.

En este caso se requiere un gran dominio de uno mismo y es también una posible vía de conocimiento personal.

Mímica: su particularidad reside en el hecho de que no se utiliza el lenguaje hablado. La antigua escuela sólo enseñaba la representación, es decir mostrar escenas de la vida cotidiana con el cuerpo, la mirada, sin demasiados accesorios y en un espacio escénico reducido. Nuevas corrientes han hecho de la mímica un arte de creación, gracias al trabajo de la imaginación, de la abstracción y del simbólico universal.

Bioenergía: Desarrollada por el doctor Alexander Lowen a partir de los trabajos de Wilheim Reich, se basa en la noción de identidad funcional entre el cuerpo y el espíritu. A toda tensión corporal le corresponde una tensión psíquica y viceversa. La aproximación bioenergética ayuda a sentir y entender las relaciones existentes entre emoción y movimiento, entre estructura corporal y estructura del carácter. Al tomar conciencia de las tensiones, los participantes expresan las emociones ligadas a dichas tensiones, lo que les permite traspasar los bloqueos y los condicionantes socioculturales que les impiden ser ellos mismos frente de los demás. Se utilizan diversas técnicas en función de la evolución del grupo y de las necesidades de cada uno: posición de estrés, ejercicios de bioenergética y respiración, masajes, relajación...

Danza: Arte tan antiguo como el cuerpo del ser humano, desde que lo usa para expresarse gracias a la escucha de los sonidos. La danza existe en todos los países, en todas las regiones; puramente folklórica, puede ser un lenguaje cuyos códigos son universales: danza clásica, de jazz, por ejemplo. Otras expresan la vida cotidiana, como las danzas africanas, sentimientos o epopeyas, como las danzas indias.

Carolyn Carlson dijo: «La palabra danza ya no existe, sólo existe la palabra ser».

Sólo he mencionado algunas artes del movimiento, pero existen muchas otras que merecerían tener un estudio particular, muchas otras en el mundo…

9

LA EXPRESIÓN CORPORAL Y LOS NIÑOS

Cada niño es un universo en expansión.

Los niños pueden practicar todos los ejercicios propuestos.[1] Sin embargo se imponen algunos comentarios:

- Adaptar los ejercicios en función de la edad y madurez de los niños.
- Adaptarlos en función del lugar (clase, patio del colegio, gimnasio, sala de juegos fuera del establecimiento escolar...).
- El niño «entra» muy rápida y profundamente en el juego, sobre todo si el monitor ha abierto la puerta a la imaginación.
- Las sesiones deben ser más cortas que las de los adultos (especialmente en lo que se refiere a las relajaciones).
- No se debe obligar a los niños a vivir un ejercicio con el que no estén a gusto.
- Los efectos esperados no tienen por qué ser los obtenidos.
- Finalmente, la necesidad de una progresión establecida respeto al programa escolar.

1. Véase del autor *Yoga y expresión corporal para niños y adolescentes* (Paidós).

Ejemplo de sesiones de expresión corporal

Lugar: una sala de un centro sociocultural
Duración: 50 minutos
Niños: 12 niños de 5 a 7 años

Primera sesión

Antes de cada sesión, los niños permanecen algunos minutos juntos sin que se les proponga nada. Seguidamente el monitor los sitúa en círculo a su alrededor para pasar lista (al oír su nombre y apellido, los niños deben responder con un «sí», un «aquí» o un «presente»).

En círculo con el monitor, los niños, cogidos de las manos, levantan los brazos y dicen «ho-la» articulando.

Inicio de los ejercicios: (para los detalles, véase el capítulo 1 Ejercicios).

- El stop (adelante-atrás-ojos cerrados).
- La marioneta desarticulada (simple y luego acompañada de un ritmo).
- El juego de los animales: la serpiente sobre la barriga y sobre las espalda; el pato (hacia adelante y hacia atrás); la rana; el gato que se estira (según un ritmo en 4 tiempos).
- El arlequín.
- Estiramiento de todo el cuerpo: los niños tumbados sobre la espalda (es el despertar de la mañana).
- El árbol que crece.
- El círculo se agranda, los niños toman aire, el círculo decrece hasta el centro, mientras cada niño dice su nombre y los demás lo repiten al unísono.

Siguiendo en círculo, los niños levantan los brazos para decirse «adiós». Se van lo más lentamente posible.

Segunda sesión

Mismo ritual que para la primera sesión (algunos minutos juntos, pasar lista, el «ho-la»).

Repetir algunos ejercicios: el stop, la marioneta, el juego de los animales, el arlequín. Nuevos ejercicios:

- El juego de las cerillas.
- La mermelada: coger un tarro imaginario de mermelada que irá creciendo con el desarrollo del ejercicio; primero con un dedo, después con el brazo, una parte del cuerpo (costado y pie) y nos untamos el cuerpo con mermelada. Luego nos limpiamos, miembro a miembro, nombrando cada parte del cuerpo que se limpia.
- El escultor (tumbado-de pie).
- El árbol que crece (los niños lo vuelven a hacer solos).
- El adiós en círculo.

Salir lo más lentamente posible.

Tercera sesión

Mismo ritual que para las dos primeras sesiones. Repetir los ejercicios. Nuevos ejercicios:

- El muñeco Michelin: un niño equipado con un fuelle imaginario hincha a un compañero que se infla, se infla y luego, de golpe, se desinfla espirando.
- Escribir letras o cifras en la espalda de un compañero que deberá adivinar qué le han escrito (si el ejercicio es demasiado difícil, realizarlo sobre la palma de la mano de un niño con los ojos cerrados).
- Recorrer una sala con obstáculos imaginarios (río, pared, roca…).
- El adiós en círculo.

Salir lo más lentamente posible.

Cuarta sesión

Mismo ritual, y luego repetición de los ejercicios que los niños harán solos (por ejemplo, ponerse en fila para efectuar la serpiente sobre la barriga o coger espacio para hacer el arlequín).

Escenas de la vida cotidiana: se escribe sobre pequeños trozos de papel los ejercicios que hay que hacer y se entrega uno a cada niño. Por turnos, harán ante los demás el juego indicado en el trozo de papel que entregarán al monitor para que lo lea.

- Propuesta de juegos:
  - Haces las tareas domésticas.
  - Tienes una nueva habitación donde ordenas todos tus juguetes.
  - Sierras una madera.
  - Clavas un clavo con un martillo.
  - Preparas un pastel.
  - Te duermes en un bosque y te despiertas por la noche.
  - Paseando, te encuentras con un pájaro herido: ¿qué haces?
  - Haces la compra.
  - Es por la mañana, nos enseñas cómo te despiertas y te levantas.
  - Es por la mañana, te vistes para ir al cole.
  - Te despiertas por la noche, abres la nevera y bebes un vaso de leche.
  - Preparas tus cosas para ir al cole.
  - Construyes un castillo de arena en la playa.
  - Abres una puerta muy despacito.
  - Una ventana, un cofre, un cajón.
  - Paseas tu perro por el parque y se escapa.
  - Te lavas.
  - Preparas un pastel que colocas en el horno.
  - Te has convertido en un gato que se despierta.
  - Comes un trozo de carne después de haberlo cortado.
  - Enseñas unos ejercicios de expresión corporal que ya conoces.

- Ejercicios en parejas:
  - Construís juntos un castillo de arena en la playa.
  - Jugáis juntos a un juego que habéis aprendido en el cole.
  - Enseñáis los ejercicios corporales que se hacen en parejas.
  - Uno de vosotros dos es una marioneta y el otro tira de los hilos.

- Estáis durmiendo en vuestra habitación. Uno despierta al otro ya que cree haber oído un ruido. Vas a mirar de qué se trata.
- Uno es un gato, el otro un ratón.
- Os marcháis juntos al cole. ¿Qué hacéis por el camino?
- Os perdéis los dos en el bosque ¿Qué hacéis?
- Habéis decidido almorzar juntos.
- Guisáis juntos.

Quinta sesión

Después del ritual y de los ejercicios, se abordará la iniciación a la creación colectiva.

Dos ejemplos:

- La sala de juegos se transforma en un fondo marino en el cual cada niño elige qué quiere ser: ola, cangrejo, tortuga de mar, pez, roca, algas, buzo…
- El niño elige qué elemento del bosque quiere ser: árbol, ardilla, conejo, ave, hada, mago...

Este ejemplo de progresión en las sesiones se hará en función de la madurez de los niños y de la evolución del grupo.

Pueden realizar muchas otras actividades: pensar sobre todo en el trabajo del ritmo gracias a la música y en el trabajo de la voz (nombres, vocales…).

Posible clasificación de los ejercicios

Una primera posibilidad consiste en utilizar los diferentes grupos propuestos en el capítulo I de este libro:

- La voz.
- Las palabras.
- Los ritmos.
- El rostro, la mirada.
- Las manos, el tacto.

- El espacio.
- Las improvisaciones.
- El trabajo especializado.
- La máscara. El maquillaje.
- La postura del cuerpo.

Este trabajo permite sobre todo hacerse un buen fichero claro y preciso, que podrá estar dividido en grupos de edad, siguiendo, por ejemplo, determinada progresión (principiantes – avanzados – veteranos).

Una segunda posibilidad consiste en reagrupar los ejercicios en relación a los cinco sentidos:

- La vista.
- El oído.
- El gusto.
- El tacto.
- El olfato.

Esta clasificación permite desarrollar las posibilidades del niño a partir de ejercicios sencillos.

Una tercera posibilidad es la clasificación por temas:

- La concentración.
- La expansión en el espacio.
- El trabajo en parejas.
- Los equilibrios.
- Los ejercicios sentados o tumbados.
- Los ejercicios con música.

Después de cada sesión es aconsejable anotar en las fichas los efectos, las consecuencias de cada ejercicio, con el fin de transformar las propuestas (no muy claras, imprecisas...) o de variar los ejercicios que hayan sido demasiado sencillos o demasiado difíciles.

En definitiva, los niños necesitan ante todo una preparación corporal que permita devolverles la calma gracias a una mayor facultad de concentración.

Los ejercicios propuestos

Todos estos ejercicios han sido propuestos a niños de 5 a 7 años (algunos incluso sólo tenían 4 años y medio).

Las sesiones deberán estructurarse para aportar estabilidad a los niños, para proporcionarles un trabajo de memoria gracias a la repetición y para estimularlos a través de la noción de superación, de «hacerlo mejor». Propongo a continuación una serie de ejercicios «adaptados», es decir, que requieren menos técnica que para los adultos y presentados con otro lenguaje.

El espacio

- El stop. Los niños corren por el espacio de juego y, al oír una señal determinada, deben pararse (hay que hacerles mover todo el cuerpo para que puedan encontrarse en momentos de desequilibrio).

  Variante: andan hacia atrás.

  Andar (¡más despacio!) con los ojos cerrados en todos los sentidos. Después del «stop» abrirán los ojos para ver dónde están. La señal será cada vez menos fuerte para que mantengan la atención.
- Los obstáculos imaginarios (ejercicio 106 para adultos). Los niños crearán obstáculos imaginarios y enseñarán y describirán esos obstáculos (¿De qué tamaño? ¿De qué forma? ¿De qué color?...).
- La invitación (ejercicio 107 para adultos). Un niño invita a uno o varios amigos con los que jugará en su habitación (¿Qué juguetes tiene? ¿Dónde están? ¿Cómo se los prestan? ¿Cuál es la medida exacta de la habitación? ¿Dónde está la puerta, la ventana?).
- El juguete (ejercicio 109 para adultos). Se pone un juguete en el centro del espacio de juego. El niño podrá jugar con él. ¿Cómo lo transforma? ¿Cómo juega con él?
- Variante del ejercicio 25 para adultos: las palabras que empiezan por la misma letra. Se dirá una palabra y los niños deberán encontrar otras palabras que empiecen por la misma letra. Luego inventarán una historia para cada palabra o eventualmente para un conjunto de palabras.

- Otras posibilidades: asociaciones de palabras respecto a una palabra principal. Inventar luego un guión.

Teja Tienda
Torre **TABURETE** Tela
Tambor Tren

Dueño
Correo Hueso
Collar Caseta
Pata **PERRO** Hocico
Ladrar Plato
Pelos Morder

- Las descripciones. Variantes del ejercicio 27 para adultos. Un niño describirá a otro niño. Los demás deberán adivinar de quién se trata. Mismo principio, pero esta vez imitando a un compañero (este ejercicio agudiza el sentido de la observación).
- El juego de los adverbios: ejercicio 28 para adultos.
- Los papelitos: ejercicio 34 para adultos. En los papelitos están escritos nombres de objetos.
- Noción concreta del espacio. Ver ejercicio 111 para adultos. Este ejercicio permite jugar corporalmente a partir de una palabra y enriquecer su vocabulario. Ejemplos: «os mantendréis rectos como los álamos a cada lado de un río». Cuál es el tamaño de un tarro, de un tazón, de un huevo…
- Entrar en un grupo. Ver ejercicio 114 para adultos.
- Gestos y ritmos. Ver ejercicio 116 para adultos. Conocimiento del esquema corporal, dominio del cuerpo gracias a los diversos ejercicios conjuntando los ritmos y el trabajo desglosado en cada parte del cuerpo.

La voz

- Articular las vocales y las consonantes: ejercicio 1 para adultos.
- El nombre: ejercicio 3 para adultos.
- La orquesta sonora: ejercicio 7 para adultos.
- La frase corporal: ejercicio 18 para adultos.

- El ritmo sonoro: cada niño inventará un ritmo utilizando tan sólo sonidos. Los otros niños deberán entonces repetir dicho ritmo (2,3,4 tiempos). Podrán trabajar conjuntamente el grave y el agudo.

Las palabras

- Variante del ejercicio 22 para adultos «la asociación de ideas». Se «lanzarán» palabras clave que permitirán a los niños dar rienda suelta a su imaginación. Podrán jugar solos o en grupo.

  Ejemplo de palabras: nieve; escuela; habitación; juguete; zoo; castillo de arena; perro; bosque. Estos papeles son distribuidos a los niños. Uno a uno representarán lo que está escrito (el monitor leerá los papeles).

  Ejemplos de objetos más representados por los niños: perchero; silla; mesa; cama; puerta; caja.

  Improvisación de dos en dos (de 7 a 9 años) sobre el tema del encuentro.

  El juego de la estatua: un niño se transforma en otro.

  Ejemplos de elementos naturales: roca; alga; árbol; flor; ola; río.

  Ejemplos de animales: pato; tortuga; serpiente; pez; cocodrilo; canguro; rana; oca; oso; mono; elefante; gato; ratón.
- Leer los labios: ejercicio 42 para adultos.

Los ritmos

Utilizar los ejercicios 52, 53, 54, 55, 57, 58, 59, 62 y 64 para adultos.

Todos estos ejercicios mejoran la concentración, la coordinación de los movimientos y favorecen la escucha.

El rostro. La mirada

- La máscara: ejercicio 65 para adultos.
- Las expresiones: ejercicio 66 para adultos.
- El hilo del ojo: ejercicio 68 para adultos.
- La vida cotidiana: ejercicio 78 para adultos.

Las manos. El tacto

- La estatua: ejercicio 79 para adultos. Algunas posturas corporales obligan al niño a mantener el equilibrio bastante tiempo. Este ejercicio mejora la concentración y favorece el aprendizaje de un contacto suave.

Fig. 9-1. El juego de la estatua: un niño transforma a otro.

Fig. 9-2. Improvisación a dos (7 y 9 años) sobre el tema del encuentro.

- «¿Quién es?»: ejercicio 80 para adultos. Una vez creado el grupo de expresión corporal-niño, uno de ellos tendrá los ojos cerrados. Intentará reconocer al niño que le viene a estrechar la mano.
- «Mensajes»: ejercicio 81 para adultos.
- «El paquete»: ejercicio 84 para adultos. Los niños pueden también pasarse una pelota imaginaria de mano en mano (hacerla botar).
- «¿Con qué me tocan?»: ejercicio 85 para adultos.
- «¿Qué mano?»: ejercicio 89 para adultos.

- «Las cifras»: ejercicio 90 para adultos. Al principio, bastará con la palma de una mano hacia el suelo y la otra hacia el techo. Cambiar alternativamente de mano cada vez más deprisa.
- «Las figuras»: ejercicio 91 para adultos.
- «Mi mano es…»: ejercicio 92 para adultos. Con una mano o con las dos, el niño mostrará una hoja que cae; la lluvia; el movimiento de un junco; de una ola; el movimiento de un pez; de la cola de un gato…

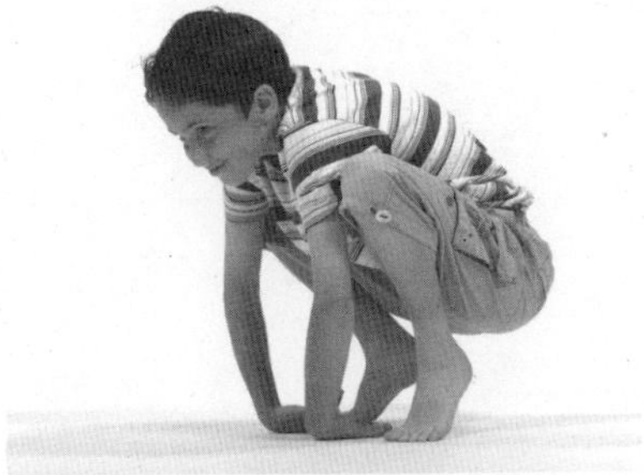

Fig. 9-3. La posición de la rana.

Fig. 9-4. La semillita se transforma muy poco a poco en un árbol.

- «Los diferentes tactos»: ejercicio 97 para adultos. Descubre a los niños diversos tactos y enriquece su vocabulario.
- «Escribo en tu espalda»: ejercicio 100 para adultos. Si el niño tiene dificultades para comprender qué le han escrito en la espalda, hay que escribírselo sobre la palma de la mano. Si no sabe ni leer ni escribir, realizar presiones sucesivas (3 presiones = 3; 8 presiones = 8).
- «Te dibujo»: ejercicio 101 para adultos.
- «Evito a los demás»: variante del ejercicio 102 para adultos. Hacer caminar los niños lo más rápidamente posible sin que se toquen. Mismo ejercicio pero con los ojos cerrados (tendrán que estar atentos a los ruidos de los pasos, la fricción del tejido…).

Fig. 9-5. Enseñar a los niños a relajarse…

Fig. 9-6. …y a conservar todo su dinamismo, su vitalidad.

Improvisaciones

Utilizar los ejercicios 117, 118, 126, 127, 136 y 137, y elegir temas de improvisación según la comprensión de los niños.

Ver también los juegos propuestos para la cuarta sesión.

Máscaras y maquillaje

Ver también los ejercicios con máscaras (141, 143, 144, 145, 147, 148, 149) y el trabajo de maquillaje (ejercicio 152).

GLOSARIO

En este capítulo propongo una lista de palabras que suelen emplearse en la expresión corporal. Por supuesto no se trata de una lista exhaustiva y la definición de los términos no es la única posible, ya que a menudo las palabras tienen para cada uno de nosotros una referencia a vivencias particulares: no tendrán el mismo significado para un bailarín, un yogui, un albañil, un comerciante o un monje. Las palabras más difíciles de definir son precisamente las que utilizamos más a menudo y que nos implican global y profundamente, términos tales como vida, arte, ser, saber, amor, comunicación. Intentar definirlos resulta tanto más arduo cuanto que la manifestación de su esencia es infinita. Si intentamos etiquetar la palabra amor, nunca terminaremos de clasificar, catalogar o elegir entre todas sus interpretaciones, facetas y demostraciones.

Quisiera que este glosario propiciara una reflexión acerca de un instrumento utilizado diariamente por millones y millones de personas: el lenguaje verbal. Las palabras están cargadas de significado, están cargadas de una fuerza que puede desencadenar emociones, violencia; comportan la creación de imágenes; pueden convertirse en símbolos o instrumentos al servicio del bien o del mal; son asimismo el vehículo para la emisión del pensamiento (medio a través del cual este se forma), y uno de los medios de comunicación entre los seres humanos. Intentemos pues precisar nuestro vocabulario para que nuestro pensamiento sea más sutil, más claro, más agudo.

¡Qué ideal sería que varios interlocutores pudieran comunicarse utilizando palabras en cuyo significado estuviesen de acuerdo y coincidieran en su definición y sentido! Esto evitaría muchos conflictos innecesarios y nos haría perder menos tiempo y energía.

Acción: manifestación de una o varias energías en movimiento.
Actividad: facultad de actuar de que dispone un ser o máquina.
Actor: persona que interpreta un papel, es decir que desempeña cierta función en un contexto dado.
Actuación: facultad de moverse, de expresarse según unas reglas preestablecidas.
Agresividad: tendencia a atacar, expresión impulsiva de la fuerza vital.
Análisis: distinción y separación de las partes de un todo hasta llegar a conocer sus principios o elementos. Ciencia que permite el conocimiento de uno mismo gracias al estudio y la observación del propio comportamiento.
Anatomía: estudio de la estructura de los seres complejos.
Apertura: actitud favorable a la innovación; disposición a recibir o a interesarse por algo.
Armonía: coincidencia entre las partes de un todo. Unión de energías entre dos o tres personas que se encuentran en la misma longitud de onda.
Arte: expresión de un ideal de belleza correspondiente a un tipo de civilización, de un ecosistema determinado.
Atención: acción de concentrar la mente en un objeto determinado.
Atmósfera: conjunto de vibraciones que se dan en el medio en que uno evoluciona.
Automatismo: Ejecución mecánica de actos sin participación de la voluntad (lucidez, consciencia).
Autonomía: libertad de poder gobernarse mediante leyes propias.

Bioenergía: facultad que posee un cuerpo complejo de proporcionar cierta potencia.
Burlesco: Festivo, jocoso, sin formalidad, que implica burla o chanza.

Caída: acción de caer.
Calentamiento: acción de hacer circular la energía por el cuerpo mediante determinados movimientos o ejercicios y cuyo resultado suele ser un aumento del calor interior.
Caricatura: Festivo, jocoso, sin formalidad, que implica burla o chanza.

Centración: acción de poner la atención, llevar la conciencia sobre un punto determinado.
Cliché: lugar común que utiliza un individuo o un grupo de individuos a la hora de emitir un juicio.
Colectivo: conjunto de personas o cosas (requiere un centro de interés común si se intenta alcanzar la armonía).
Cómico: que incita a la risa gracias a los efectos producidos por determinadas conductas (representación de costumbres, expresiones, actitudes...).
Comunicación: el hecho de estar en relación con alguien.
Concentración: congregación en un punto.
Conciencia: sentimiento interior que permite estar vigilante, lúcido, o, simplemente «ser».
Conflicto: antagonismo provocado por un choque, una lucha, una dualidad.
Conocimiento: conjunto de facultades que determinan el entendimiento, la inteligencia de un ser humano.
Contacto: comunicación con otras energías.
Control: dominio de un acto, de una conducta.
Coordinación: conjunto de mecanismos del sistema nervioso que rige la armonía del movimiento.
Corporal: relativo al cuerpo humano, existen tres posibles registros: el gesto, la voz y el lenguaje verbal.
Creación: manifestación tangible de la energía cósmica. Empieza con el «si».
Cuerpo: envoltorio de un ser animado (se pueden distinguir el cuerpo físico, el mental, el sutil y el astral).
Cultura: expresión de determinada visión vehiculada por un individuo o un grupo.

Danza, baile: conjunto de movimientos rítmicos ejecutados esencialmente con música.
Desplazamiento: acción de dar a un cuerpo otra dirección o cambiarlo de lugar.
Dinámica de grupo: conjunto de técnicas que tienen como objetivo un mejor conocimiento del comportamiento humana.
Dinamismo: energía que actúa para cumplir una acción.

Dirigir: conducir, guiar, trasladar.
Disciplina: conjunto de reglas (leyes, códigos) que rigen un grupo organizado; materia de enseñanza.
Disponibilidad: estado de lo que puede disponerse libremente.
Distensión: reposo, relajamiento, disminución de la tensión.
Dominio: control del ser y de sus múltiples manifestaciones.
Drama: obra de teatro en la que se representa una acción violenta o dolorosa, pero de un tono algo menos elevado que la tragedia.
Dramático: que tiene connotaciones teatrales.

Ejercicio: formación, iniciación, desarrollo para una práctica determinada.
Emoción: reacción afectiva (que proviene del sentimiento y lo de la razón) bajo el efecto de una situación inesperada.
Energía: capacidad para realizar un trabajo que puede manifestarse bajo cualquier forma.
Equilibrio: justa combinación de fuerzas y elementos; estado de reposo de un cuerpo como consecuencia de la anulación de fuerza.
Escena: lugar en que se interpreta una obra.
Escenario: conjunto de circunstancias que rodean a una persona o un suceso.
Espacio: extensión limitada por determinadas referencias; intervalo de tiempo.
Espectáculo: todo aquello que atrae la vista o la atención.
Espíritu: lo que determina la particularidad de un individuo, lo que le hace único, pero también lo que le une al universo en lo más sutil.
Estático: se dice del estado de una persona o de una cosa que no se mueve, que no evoluciona, que no progresa.
Estiramiento: alargamiento de los miembros del cuerpo en una dirección determinada.
Estudio: esfuerzo del entendimiento para conocer algo; obra que recoge los resultados de una investigación.
Experimentar: probar, examinar, verificar mediante experimentos (conocimiento adquirido por la práctica y la observación; operación para demostrar o verificar alguna cosa).
Expresión: manifestación de uno mismo por diferentes medios: el gesto, la voz, la palabra, la música...

Extensión: aumento, ampliación, acrecentamiento, engrandecimiento.
Exterior: que está fuera.
Exteriorizar: manifestar fuera de uno mismo lo que se siente o piensa dentro.

Facies: aspecto característico del rostro.
Físico: perteneciente o relativo a la constitución y naturaleza corpórea. Exterior de una persona; lo que forma su constitución y naturaleza.
Fisiología: ciencia que trata de la vida y de sus funciones orgánicas.

Grupo: reunión de personas que realizan una actividad común.

Habla: facultad de expresarse verbalmente; tono de voz, palabra pronunciada.
Historia: relato de acontecimientos reales o imaginarios.

Identificación: el hecho de que dos o más cosas en realidad distintas aparezcan y se consideren como una misma.
Imaginación: facultad de representar un objeto a través del pensamiento.
Improvisación: acción hecha sin preparación previa.
Inmovilidad: estado de lo que no se mueve.
Instante: un momento muy corto.
Integración: agrupamiento en todo.
Interior: que está dentro.
Investigación: esfuerzo realizado con el objetivo de encontrar una cosa.

Liberación: manifestación de una energía completamente cerrada, estallido de la conciencia.
Libertad: fluidez de todo el ser, como el agua de un río.

Maquillar: aplicar cosméticos a una persona. Modificar el aspecto de un rostro mediante cosméticos.
Masaje: intercambio de energía consistente en presionar, frotar o golpear rítmicamente y con intensidad adecuada determinadas partes del cuerpo con fines terapéuticos.

Máscara: objeto con el que se cubre la cara para esconderla o protegerla. Careta.

Medioambiente: conjunto de elementos naturales o artificiales en que se desarrolla una actividad.

Meditación: estado de conciencia en que el ser está en relación con el Universo (o Dios o la Fuerza).

Memoria: facultad psíquica por medio de la cual se retiene y recuerda el pasado.

Mensaje: contenido de lo que se transmite.

Mente: conjunto de actividades y procesos psíquicos conscientes e inconscientes, especialmente de carácter cognitivo.

Mímica: expresión de pensamientos, sentimientos o acciones por medio de gestos o ademanes.

Movilidad: facultad de moverse, de cambiar de expresión.

Movimiento: desplazamiento de un cuerpo mediante un proceso motor.

Música: arte de combinar los sonidos de manera agradable al oído.

Neutro: que no representa nada.

Núcleo: primer elemento para la formación de un grupo.

Objeto: cosa que afecta los sentidos.

Observación: hecho de examinarlo todo atentamente.

Pareja: persona con quien se intenta armonizar la energía.

Participante: persona que está presente e interviene en una sesión o actividad.

Percepción: facultad de captar por los sentidos.

Percusión: conjunto de instrumentos que se tocan golpeando.

Postura: posición del cuerpo que se mantiene inmóvil, relajado, mentalmente concentrado (y sin bloqueo respiratorio).

Práctica: aplicación y ejecución de reglas y principios de un arte o una ciencia.

Practicable: en el decorado teatral, que no es meramente figurado, sino que puede usarse.

Practicante: persona que sigue las reglas de una práctica.

Preparación: acción de prever una o más eventualidades, de ponerse en disposición favorable.

Profesor: persona que sabe suscitar y despertar el interés por algo.
Progresivo: se dice de un modo evolutivo que se realiza sin sobresaltos.
Psiquismo: conjunto de datos relativos a la mente y a los estados de conciencia.

Realismo: trasposición lúdica de determinada visión de la realidad.
Relación: correspondencia entre dos o más vibraciones energéticas.
Relajación: método y estado a la vez para conducir a una persona a la distensión, a la tranquilidad global (cuerpo y mente).
Relajamiento: disminución de la tensión.
Representación: acción de interpretar una obra o de mostrar una de las manifestaciones de la realidad.
Respiración: función a través de la cual se realizan los intercambios de gases entre los tejidos de los seres vivos y el medio exterior. Lazo entre uno mismo y el momento presente; base de la vida.
Ruido: mezcla de sonidos confusos.

Sensibilidad: facultad de percibir impresiones.
Sensibilizar: dotar de reacciones, de interés por...
Sentido: facultad por la cual un ser percibe los objetos exteriores.
Sentir: experimentar una impresión.
Sesión: espacio de tiempo ocupado por una actividad.
Silencio: interrupción más o menos larga de sonidos y ruidos. Condición de la plenitud.
Soltarse: relajar conscientemente total o parcialmente el cuerpo.
Sonido: efecto de las sensaciones auditivas producidas por las vibraciones de los cuerpos y propagadas en el aire.
Sostenimiento: acción de mantener el cuerpo en una posición determinada.

Tacto: sentido corporal con el que se perciben sensaciones de contacto, presión y temperatura; contacto de uno o varios cuerpos energéticos a través de los sentidos.
Taller: lugar destinado a una determinada práctica. También designa un curso o una sesión.
Teatro: lugar donde se representan obras dramáticas.

Técnica: conjunto de procedimientos y recursos de que se sirve una ciencia o un arte.
Tema: materia de una obra literaria, de arte, de una disciplina.
Tensión: estado de lo que está tenso.
Trabajo: producto de la intensidad de una fuerza aplicada para ejecutar una actividad.
Trágico: terrible, funesto, sangriento.

Unidad: armonía de conjunto.

Verbalización: acción de expresar una idea o un sentimiento por medio de palabras.
Verticalidad: estado de lo que tiene la dirección de una plomada.
Vía: conducta seguida para el logro de todas las formas posibles de realización personal.
Vibración: movimiento oscilatorio rápido.
Violencia: abuso de fuerza.
Vocalización: ejercicio preparatorio de canto que consiste en ejecutar, valiéndose de cualquiera de las vocales, una serie de notas y de escalas.
Voltereta: técnica corporal consistente en rodar sobre uno mismo.
Voluntad: facultad de decidir y ordenar la propia conducta.
Voz: conjunto de sonidos emitidos por la boca; instrumento corporal en el que intervienen distintos órganos y la respiración.

PREGUNTAS A LOS LECTORES

Las convicciones son como unas muletas: cuando las soltamos, nos caemos.

Sería interesante escribir las respuestas a las siguientes preguntas para poder comparar los resultados dentro de unos años. Por otro lado, es aconsejable responder de forma espontánea, es decir, lo más rápidamente posible, con sinceridad, sin intentar hacerse trampas a uno mismo.

¿A qué distancia se sitúa para hablar...
... con un amigo?
... con su pareja?
... con su jefe, director?

¿Cuántos minutos / horas al día está...
... de pie?
... sentado?
... tumbado?

¿Qué parte del pie es la primera que pone en el suelo?

¿Cómo suele dar los buenos días?
Con una o varias palabras.
Con un gesto.
Con ambos a la vez.

¿Qué dice después de dar los buenos días?

¿Qué dice antes de decir adiós?

¿Qué parte de su cuerpo siente más fuerte o más débil?

¿Cuántas veces al día se masajea...
... la frente?
... las manos?
... el entrecejo?
... las orejas?
¿Es consciente de ello?

¿Qué es más importante para usted? ¿El cuerpo? ¿La mente? ¿Ambos?

¿Cuántas horas semanales dedica al cuidado físico de su cuerpo?

¿Dónde siente la respiración?
En la parte alta del pecho.
En la región de las costillas.
En la región del abdomen.

¿Cuántas veces a la semana se enfada?

¿Tiene la impresión de conocerse?

¿Cree que los masajes, el yoga y la expresión corporal son actividades reservadas a una élite?

¿Encuentra «normal»...
... tener la nariz tapada por la mañana al levantarse?
... no estar relajado?
... estar enfermo una vez al mes como mínimo?
... no sentirse ágil?
... costarle dormir?
... tener miedo a tocar a alguien?

... tener miedo a gritar?
... tener ganas de pelear?

¿Conoce las funciones de su cuerpo?
La digestión.
La respiración.
El acto sexual.

El cuerpo funciona solo (digestión, respiración, etc.). Se siente...
... maravillado.
... sorprendido.
... indiferente.
Nunca ha pensado en ello.

¿Utiliza su energía...
... muy por debajo de su capacidad?
... normalmente?
... por encima de su capacidad?

¿Cree poder mejorar la cantidad y el funcionamiento de esta energía?
Con la práctica física.
Con una alimentación sana y equilibrada.
No podemos modificarla; es innata.

¿Tiene la sensación de que le faltan energías?

- De vez en cuando.
- A menudo.
- Siempre.
- Nunca.

¿A qué distancia del papel escribe?

¿Cómo está su espalda?

Mantener la espalda recta es...
... difícil.
... fácil.

... un incordio.
... un esfuerzo.
... un placer.
... algo natural.

¿Ha notado cambios en su respiración?
Después de una buena comida.
Cuando se enfada.
Durante el acto sexual.
Cuando está angustiado, cuando tiene miedo.
Según el lugar en que se encuentre.

Le molesta...
... la corbata.
... el cinturón.
... el calzado.

¿Le gusta que le miren?
No.
Me da igual.

Cuando habla con alguien:
¿Le mira a los ojos?
¿Se fija en su cuerpo?
¿Se fija en una parte de su cuerpo?
¿Mira hacia otro lado?
¿Mueve la mirada sin parar?
¿Mira al suelo?

Cuando se ha levantado esta mañana, ¿qué es lo primero que ha mirado?

Cuando se sienta en una silla o un sillón:
¿Apoya la espalda en el respaldo?
¿Se sienta en el borde?
¿Apoya todo el pie en el suelo?
¿Cruza las piernas?

¿Le parecería normal hacer ejercicios corporales durante una hora al día en su lugar de trabajo?

Cuando baila, ¿lo hace como todos los demás o de forma personal?

Al mirarse al espejo:
¿Se habla a sí mismo?
¿Se gusta? (a menudo, a veces; nunca, siempre).
¿Solo se mira para peinarse?
¿Evita mirarse?

Le gustaría...
... ser más bajo, más alto.
... más delgado, más gordo.
... tener los ojos de otro color.
... se siente bien tal como es.

¿Le gustaría parecerse a otra persona?

¿Qué parte del cuerpo se toca más a menudo?

¿Qué método utiliza para relajarse?
Fumar un cigarrillo.
Tomar un café tranquilamente.
Pasear.
Asistir a un espectáculo, ir a un restaurante.
Acostarse.
Un método de relajación.
Otros: piscina, tenis, baño caliente, sauna, etc.

¿Cree que el hábito aún hace al monje y concede a la forma de vestir un interés...
... especial?
... mediano?
... nulo?

¿Cuándo se siente realmente bien?

¿Cree que lleva una careta en su vida cotidiana?

En caso afirmativo, ¿cuándo se la quita?

¿Qué le atrae de los demás? ¿Qué le repele?

¿Cómo se traduce físicamente su impaciencia?

¿Confía en sus capacidades corporales?

¿Es consciente de que algunas de sus actitudes son clichés?

¿Le cuesta aceptar no poder hacer algo?

¿Se siente incompleto? ¿Hace algo para remediarlo?

¿Qué discapacidad o enfermedad teme más?

¿Qué actitud adopta frente al silencio?
Cuando está solo.
Cuando está con su pareja.
Cuando está en grupo.

¿Cree que las situaciones peligrosas pueden ser un factor de evolución personal?

¿Cuándo se olvida realmente de sus preocupaciones, problemas, penas?

¿Tiene la sensación de haber encontrado su camino?

¿Cree que se realiza con su profesión?

Cuando habla, ¿cree que lo hace de forma comprensible, clara; lógica o ininteligible?

¿Cuál cree que es su mayor posibilidad como ser humano?

¿Se siente libre?

Encuentre una palabra, una frase que le caracterice.

RESPUESTAS A PREGUNTAS

Un buen pedagogo es alguien que se encuentra en situación de responder a las preguntas que se hace a sí mismo.

¿Quién puede practicar la expresión corporal?

Todas las personas, tanto frágiles como atletas o bailarines de alto nivel, pueden aprenderla, ya que no requiere ninguna habilidad especial, pues los distintos ejercicios se adaptan a las posibilidades de cada uno. Por tanto, todos podemos alcanzar un mayor bienestar corporal, una mejor circulación energética, un desarrollo de la imaginación y un conocimiento más profundo de nosotros mismo practicando la expresión corporal.

¿Qué objetivos tiene y para qué sirve?

Sus fines y su utilización dependen de las condiciones personales y de las preferencias de cada uno. Los objetivos pueden ser la afición por la interpretación, por la expresión de uno mismo a través de los gestos, de la voz, del lenguaje verbal; también puede tener como finalidad la persecución de una armonía psicosomática o bien, una necesidad filosófica o espiritual. La expresión corporal puede utilizarse asimismo como complemento de otras disciplinas (por ejemplo, el arte dramático, la danza...), como soporte a técnicas terapéuticas, o, simplemente para sentirse mejor en la vida cotidiana.

¿Cuántas formas de expresión corporal existen?
Existen tantas formas de expresión corporal como monitores o practicantes. Sin embargo, desde una perspectiva más restrictiva, puede decirse que existen al menos tres (que pueden ser complementarias): la expresión corporal danza; la expresión corporal teatro y la expresión corporal analítica. Sin embargo, una misma realidad puede ser percibida de forma muy diferente según sea la experiencia, las vivencias, la visión individual de cada uno.

¿Es una técnica la expresión corporal?
Es una técnica en la medida en que propone una amplia gama de ejercicios que, de algún modo, son instrumentos; o, dicho de otro modo, para un mejor dominio de esta técnica es absolutamente necesaria una disciplina, es decir, un trabajo regular, mucha atención y una enorme paciencia. De todos modos, puede presentarse como una actividad lúdica, lo que hará que los participantes trabajen duramente con la impresión de estar jugando. Todo dependerá de la forma en que el animador presente los ejercicios.

¿Dónde debemos practicar la expresión corporal?
Las sesiones de expresión corporal deben realizarse en un espacio bastante grande, a ser posible de las características siguientes:

- 6 m x 4 m para poder realizar los movimientos en total libertad.
- Un suelo enmoquetado o cubierto con una alfombra de judo para poder dar volteretas, tumbarse, relajarse, etc.
- Bien iluminado; un juego de luces para determinados ejercicios o para facilitar su creación.
- Bien ventilado.

No obstante, este tipo de espacio suele ser difícil de encontrar, y si los animadores no logran localizar uno, tendrán que «construirlo» ellos mismos (pósters, fotos, alfombras...), ya que el lugar es sumamente importante para este tipo de actividad.

Pero la expresión corporal también puede practicarse al aire libre, en lugares tranquilos (en albergues de juventud, en la calle, en los colegios...).

¿Cómo hay que vestirse?
No importa el atuendo siempre que permita una gran libertad de movimientos: desde mallas de ballet al chándal pasando por el traje de baño, el pantalón de jazz, etc. Por supuesto, un espectáculo de conjunto, de una creación particular requieren una indumentaria especial para favorecer la armonía del grupo.

¿Cuándo empezamos a sentirnos «bien» en expresión corporal?
Al igual que con cualquier otra disciplina, nunca hay que parar. En mi opinión, si una persona cree que ya «ha llegado» o que «se siente muy fuerte» es un fracaso para su vida interior. Corresponde a las personas ir sintiendo una mayor facilidad de expresión, una mayor soltura, y al monitor proponer al grupo o cada participante ejercicios y actividades cada vez más difíciles, más «sutiles».

¿Cuántas personas deben participar?
Las suficientes para una buena dinámica de grupo. Una media de 6 a 12 participantes, o más dependiendo de las aptitudes y la experiencia del monitor. Lo idóneo para principiantes son grupos de 6 a 12 personas por sesión. Para los veteranos, para los que ya saben «trabajar», el grupo puede contar con hasta 50 individuos (por supuesto, esto varía en función de los ejercicios propuestos).

¿De dónde vienen los ejercicios propuestos para la expresión corporal?
Responderé con un cliché: desde siempre al ser humano le ha gustado jugar, crear, inventar situaciones. Con este libro no hago más que sumergirme en una larga tradición. Mi único mérito consiste en haber estructurado esta actividad, en haber recopilado una serie de ejercicios de distintos animadores con los que he trabajado y otros basados en mi propia experiencia, en mi inventiva e imaginación. Pero tengo el pleno convencimiento de la existencia del «mundo de las ideas» y de que muchos otros animadores deben tener un fichero parecido al mío. Soy un investigador y es imposible que mi campo de trabajo sea único.

¿Puede practicar uno solo la expresión corporal con la única ayuda de este libro?
Algunos ejercicios, sí. Otros hay que trabajarlos en grupo, siempre que uno de los participantes proponga una actividad.

Sin embargo, este libro es un instrumento de trabajo y de reflexión, y cualquiera que sea el oficio, la última palabra la tendrá siempre la experiencia del artesano. Digamos pues que un monitor experimentado será bienvenido si los alumnos quieren profundizar en esta disciplina.

¿Existen contraindicaciones?
Ninguna.

¿Qué semejanzas y diferencias existen entre la expresión corporal y el yoga?

Semejanzas:

- Los practicantes son a la vez actor y espectador.
- El cuerpo es el centro de la práctica.
- Se concede la misma importancia a determinadas partes de cuerpo: la columna vertebral, los pies, el abdomen.
- La respiración es básica en ambas prácticas.
- Se concede la misma libertad en cuanto a las consecuencias de ambas actividades: pueden ser meramente físicas o la base de una búsqueda espiritual, filosófica, etc.
- Idéntica persecución del conocimiento de uno mismo, de autenticidad, de bienestar, de unidad.
- Toma de conciencia de la noción de energía.

Diferencias:

- La expresión corporal comporta ciertos aspectos muy dinámicos.
- En expresión corporal se vive el movimiento en las distintas direcciones del espacio, al contrario que en el yoga (entendiendo este en el plano del cuerpo físico y a través del yoga que suele practicarse en Occidente).
- Algunos ejercicios de expresión corporal permiten el contacto físico directo con uno o varios compañeros (en el yoga, en parejas).

- La noción de juego forma parte de entrada de la expresión corporal.
- En expresión corporal hay menos posturas precisas.
- En expresión corporal la imaginación juega un papel más importante, al igual que las manifestaciones del mundo exterior.

Podríamos multiplicar los ejemplos y comparar la expresión corporal con el teatro, con la danza, con las terapias de grupo...En mi opinión, todo depende esencialmente de la experiencia del monitor y del grupo con el que trabaja.

CONCLUSIÓN

Habré logrado mi objetivo si estas páginas les han ayudado, si les han orientado en la identificación de sus posibilidades corporales.

Aprender siempre,
observar siempre,
investigar siempre,
crear siempre,
trabajar siempre.

Cuanto más nos abrimos al mundo a través de una actividad, ya sea corporal, pictórica, literaria o musical, más llegamos a conocer nuestro interior. Como si las técnicas que sirven para expresar la práctica elegida se convirtieran en instrumentos quirúrgicos que abren el ser hasta lo más profundo del alma.

Cuando hemos llegado a sentir
nuestro sol interior,
ya ninguna nube
puede oscurecer la mente.
¿Qué alimenta este sol?
La respiración.
¿Qué le permite resplandecer?
La apertura de nuestro cuerpo.
¿De qué sol se trata?
De nuestra alma.

La aventura puede encontrarse simplemente al alcance de la mano.

BIBLIOGRAFÍA

Adamov, Albert, *Teatro,* Losada, Buenos Aires, 1961-1962.
Alexander, Gerda, *L'eutonie,* Scarabée.
Arrabal, Fernando, *Teatro completo*, Espasa. Madrid.
Artaud, Antonin, *El teatro y su doble*, Ed. Sudamericana, Buenos Aires, 1987.
Aurobindo, Sri, *Guía del yoga integral*, Plaza & Janés, Barcelona, 1989.
Bennet, John G., *Gurdjieff, artisan d'un monde nouveau*, Le Courrier du Livre, 1978.
Bergson, Henri, *La risa: ensayo sobre la significación de lo cómico,* Alianza, Madrid, 2012.
Berne, Eric, *Des jeux et des hommes*, Stock, París, 1964.
Bertrand, Monique, y Dumont, Mathilde, *Le mot et l'expression corporelle*, Ed. J. Vrin.
—, *L'expression corporelle à l'école*, J. Vrin. París, 1973.
—, *Expression corporelle: mouvement et pensée,* Ed. J. Vrin, 1974.
Brecht, Bertold, *Teatro completo*, Cátedra, Madrid, 2012.
Bromh, J. Marie, *Corps et politique,* Ed. Michel Bernard.
Brosse, Thérèse, *Conciencia-energía: estructura del hombre y del universo: sus implicaciones científicas, sociales y espirituales*, Taurus, Madrid, 1981.
Carrel, Alexis, *La incógnita del hombre*, Iberia, Barcelona, 1987.
Chejov, Antón, *Teatro completo*, Aguilar, Madrid, 1979.
Choque, Jacques, *Sports et yogak,* Albin Michel, París, 1989.
—, *Le petit dictionnaire de l'absurde,* Poésie Clandestine, Saint-Lô, 1990.
—, *Yoga y expresión corporal para niños y adolescentes*, Paidós, Barcelona, 1992.

—, *Yoga à deux et massages relaxants*, Ed. Equilibres aujourd'hui, Flers, 1994.
—, *Concentration et relaxation pour enfants,* Ed. Albin Michel, París, 1994.
—, *Yoga, manuel pratique*, Amphora, París, 2004.
—, *Aprende a relajarte*, RobinBook, Barcelona, 2006.
—, *1000 ejercicios y juegos de gimnasia recreativa*, Editorial Hispano Europea, L'Hospitalet, 2009.
Clerc, Roger, *Le yoga de l'énergie*, Fondart Foundation.
Colin, Lucette, y Lemaître, Jean-Marie, *El potencial humano*, Kairós, Barcelona, 1979.
Delarge, J. P., *L'expressivité du corps*, Michel Bernard.
Deshimaru, Taisen, *Práctica de la concentración*, Edicomunicación, Barcelona, 1999.
—, *La práctica del zen*, Kairós, Barcelona, 2011.
Desjardins, Arnaud, *Le vedanta et l'inconscient*, Table Ronde, París, 1978.
Doat, Jean, *L'expression corporelle du comédien*, Librairie du Théâtre, París, 1983.
Dropsy, Jacques, *Vivir en su cuerpo: expresión corporal y relaciones humanas*, Paidós, Buenos Aires, 1987.
Ducourneau, Gérard, *Musicoterapia: la comunicación musical*, Edaf, Madrid, 1988.
Dürckheim, G. K. von, *Hara, centre vital de l'homme*, Le Courrier du Livre, París, 1974.
Durkheim, Emile, *«Méditer», pourquoi et comment*, Fondart Foundation.
Etiemble, René, *La escritura*, Labor, Barcelona, 1974.
Fanchette, Jean, *Psicodrama y teatro moderno*, Pleyade, Buenos Aires, 1975.
Ferrer, Lucien, *Yoga*, Le Courrier du Livre, París, 1969.
Fromm, Erich, *El lenguaje olvidado*, Paidós, Barcelona, 2012.
Genet, Jean, *Teatro completo*, Siglo XXI, México, 2010.
Goethe, Johann Wolfgang von, *Teoría de los colores,* Consejo General de la Arquitectura Técnica de España, Madrid, 2008.
Grotowski, Jerzy, *Hacia un teatro pobre*, Siglo XXI, México, 1981.
Hahoutoff, Nil, *Gymnastique évolutive*, Fondart Foundation.
Harding, Douglas Edison, *Vivre sans tête*, Le Courrier du Livre, París, 2009.

Hostal, Philippe, *Tiers temps pédagogique et gymnastique,* Vigot, París, 1978.

Ionesco, Eugène, *Teatro*, Aguilar, Madrid, 1973.

Jacquart, Emmanuel C., *Le théâtre de dérision*, Gallimard, París, 1974.

James, Muriel, y Jongeward, Dorothy, *Naître gagnant*, Inter Éditions.

Jeu, Bernard, *Le sport, l'émotion, l'espace*, Vigot. París, 1977.

Jotterand, Franck, *El nuevo teatro americano*, Barral, Barcelona, 1971.

Lao-Tse, *Tao te king*, Obelisco, Barcelona, 2005.

Lapierre, André, y Aucouturier, Bernard, *Simbología del movimiento: psicomotricidad y educación*, Ed. Científico-Médica, Barcelona, 1977.

Le Du, Jean, *El cuerpo hablado: psicoanálisis de la expresión corporal*, Paidós, Barcelona, 1995.

Lefort, Rafael, *Los maestros de Gurdjieff*, Kalendar, Buenos Aires, 1968.

Lemoine, Gennie y Paul, *Una teoría del psicodrama*, Granica, Barcelona, 1974.

Lowen, Alexander, *Bioenergética,* Diana, México, 1981.

Lupasco, Stéphane, *Energía y materia psíquica*, Fundación Cánovas del Castillo.

Lysebeth, André van, *Aprendo yoga*, Urano, Barcelona, 1984.

—, *Perfecciono mi yoga*, Urano, Barcelona, 2009.

Malinowski, Bronislaw, *Trois essais sur la vie sociale des primitifs,* P.B.P.

—, *Sexo y represión en la sociedad primitiva*, Nueva Visión, Buenos Aires, 1974.

—, *La vida sexual de los salvajes*, Morata, Madrid, 1975.

Michaël, Tara, *Corps subtil et corps causal*, Fondart Foundation.

Michaëlle, *Le pèlerin-danseur: éveil intérieur et pédagogie du geste*, Cerf, París, 1978.

Millar, Susanna, *Psicología del juego infantil*, Fontanella, Barcelona, 1972.

Mircea Eliade, *Mitos, sueños y misterios*, Kairós, Barcelona, 2010.

Moreno, J. L., *Psicodrama*, Hormé, Buenos Aires, 1978.

Naranjo, Claudio, *Les chemins de la créativité*, Dangles, París, 1976.

Nietzsche, Friedrich, *El origen de la tragedia*, Espasa Calpe, Madrid, 2000.

Oulipo, *La littérature potentielle*, Gallimard, París, 1973.

Perez-Christiaens, Noëlle, *Une thérapeutique naturelle: le bâillement*, Chiron, París, 1980.

—, *Une thérapeutique millénaire: la marche*, Chiron, París, 1982.

Pirandello, Luigi, *Teatro*, Guadarrama, Madrid, 1968.
Protin, André, *Aikido, un arte marcial: acceso a otro modo de ser,* Océano Ibis, Barcelona, 1998.
Pujade-Renaud, Claude, *Expression corporelle: langage du silence*, E.S.F., París, 1974.
Reich, Wilhelm, *L'irruption de la morale sexuelle*, Payot, París, 1978.
—, *La revolución sexual*, Planeta, Barcelona, 1985.
Richy, Pierre, *Initiation au mime*, Éditions de L'Amicale, París, 1968.
Rioux, Georges, y Chappuis, Raymond, *Les bases psycho-pedagogiques de l'education corporelle*, J. Vrin, 1968.
Rofidal, Jean, *Do-in: técnicas de rejuvenecimiento, ejercicios diarios.*. Ed. Hispano Europea, Barcelona, 1979.
Rogers, Carl, *Les groupes de rencontre*, Dunod, París, 1997.
Rostand, Jean, *El hombre*, Alianza, Madrid, 2002.
Sambucy, André de, *Gymnastique corrective vertébrale*, Dangles, París, 1973.
Sapa, Héhaka, *et al.*, *Les rites secrets des indiens Sioux*, Payot, París, 1975.
Sapir, Edward, *El lenguaje: introducción al estudio del habla*, Fondo de Cultura Económica, México, 1981.
Sartre, Jean-Paul, *Un teatro de situaciones*, Losada, Buenos Aires, 1979.
Schützenberger, Anne Ancelin, *Introduction au jeu de rôle*, Privat.
—, *Introducción al psicodrama en sus aspectos técnicos*, Aguilar, Madrid, 1970.
—, *Diccionario de técnicas de grupo: formación, psicoterapia, dinámica de grupos y psicodrama*, Salamanca, 1974.
—, *Nuevas terapias de grupo*, Madrid, 1980.
Slavson, Samuel Richard, *Psychothérapie analytique du groupe*, P.U.F., París, 1953.
Smedt, Marc de, *50 técnicas de meditación*, Edicomunicación, Barcelona, 1999.
Souzenelle, Annick de, *El simbolismo del cuerpo humano: del árbol de vida al esquema corporal*, Kier, Buenos Aires, 1991.
Stanivlavski, Konstantin, *La reparación del actor*, J. García Verdugo, Madrid, 1992.
Thill, Edgar, *Manuel de l'éducateur sportif*, Vigot, París, 1994.
Tsuda, Itsuo, *Diálogo del silencio: escuela de la respiración*, Budo International Publishing Company, Madrid, 2011.

Varagnat, Jean, *Les Hauts pouvoirs psychiques par la pratique du Yoga*. Dangles, París, 1946.
Watts, Alan W., *El camino del zen*. Ed. RBA, Barcelona, 2006.
Yamamoto, Shizuko, *Shiatsu con los pies descalzos,* Paidotribo, Barcelona, 1998.

DISCOGRAFÍA

Jean-Michel Jarre, *Oxygène*, Polydor.
Baden Powel, *Tristeza*, Musidisc.
Klaus Schulze, *Blackdance*, Polydor.
Guem, *Percussions africaines*, Chant du Monde.
Guem & Zaka, *Percussions*, Chant du Monde.
Tangerine Dream, *Rubycon*, Polydor.
Sylvio Gualda, *Percussion*, Erato.
Urban Sax, *Partes 3 & 4*, Carrère.
Jean-Claude Éloy, *Shânti*, Erato.
Choa & Bourlier, *Horizon*, Chant du Monde.
Magma, *Univeria Zekt*, Philipps.
Pierre Henry, *Messe pour le temps présent*, Philipps.
Dave Burrel, *La vie de Bohèmeb*, Actuel.
Martin St Pierre, *Solo création*, Chant du Monde.
Pink Floyd, *A nice pair*, Harvest.
Pink Floyd, *Animals*, Pathé Marconi.
Pink Floyd, *Wish you were here*, Pathé Marconi.
Pink Floyd, *Relics*, Pathé Marconi.
Pink Floyd, *The dark side of the moon*, Pathé Marconi.
Pink Floyd, *Meddley*, Pathé Marconi.
Steve Waring, *La voix*, Chant du Monde.
Albinoni, *Adagio*, MFP.
... y otras músicas adecuadas para la expresión corporal (ritmos africanos, indios, música de ballet...).
También son aconsejables los CD de los grupos Enya, Vollenveider, Cabaret, Vangelis.
Blues Project, *Reunión en Central Park*, Siegel Band
Traffic, *On the road*

Santana, *Abraxas*
Gallagher, *Nine below zero*
Ange, *Au-delà du délire*
Emile Jacotey, *Allman brothers*
Bob Marley, *I shot the sheriff*
Weather report, *Histerious traveler*
Coltrane Quartet, *Africa brass*
Sun Ra, *Percussions*
Música del desierto de Etiopía
Nirvana Mandale, *Toshino Mayuzumi*
Norgual, *Les fous d'or*
The Machine, *Kratwerg*

Grabaciones especiales para expresión corporal:

- Ruidos de la vida.
- Escenas y ruidos familiares.
- Expresión corporal para niños.

En la misma colección

Taller de teatro

CÓMO MONTAR UN ESPECTÁCULO TEATRAL

Mercè Sarrias y Miguel Casamayor

El teatro es una de las experiencias vitales más complejas y enriquecedoras que existen. Meterse en la piel de un personaje es siempre tan laborioso como apasionante. De ahí que surjan tantos grupos teatrales, profesionales o aficionados, que tras semanas de ensayos consiguen llevar a cabo ese momento mágico que es la representación.
Este libro es una útil herramienta de trabajo que describe con precisión pero de forma desenfadada y amena los elementos necesarios para montar un espectáculo teatral.

Taller de teatro/música

EL MIEDO ESCÉNICO

Anna Cester

Muchos cantantes, bailarines, actores, músicos… ya sean amateurs, estudiantes o grandes intérpretes afirman que la ansiedad escénica les afecta negativamente, disminuyendo su rendimiento y la calidad de su actuación. Es un hecho evidente que el trac no es selectivo, nos afecta a todos en mayor o menor intensidad. El objetivo principal de este libro es ofrecer al lector conocimientos y habilidades en la preparación para actuar ante público, así como recursos para afrontar la ansiedad escénica sin que ésta interfiera en su buena interpretación

Taller de escritura

EL ESCRITOR SIN FRONTERAS

Mariano José Vázquez Alonso

Este es un libro con vocación de ayudar tanto a quienes han hecho de la escritura su profesión como aquellas otras personas que tienen como meta plasmar una brillante idea en forma de novela.
A través de detalladas técnicas el lector encontrará la manera más fácil y directa de encontrar un tema adecuado, desarrollar una trama, construir una localización, dar rasgos de verosimilitud a un personaje o dar con la palabra precisa que le ayudarán a construir su propia voz.

Taller de música

CÓMO VIVIR SIN DOLOR SI ERES MÚSICO

Ana Velázquez

Los músicos están expuestos –más que la mayoría de las profesiones– a lesiones musculares y articulares debido a la repetición de sus movimientos. La mejor manera de prevenirlas es enseñando desde los comienzos la más óptima colocación del instrumento y evitar las alteraciones en el sistema postural.

Este libro ofrece los recursos necesarios en cada tipo de instrumento para mejorar la postura interpretativa y evitar lesiones que mermen el trabajo de un músico. Tiene como finalidad optimizar el rendimiento y calidad artística del músico ya que ofrece recursos para mejorar la postura interpretativa y en consecuencia la relación que cada músico tiene con su instrumento.

TÉCNICA ALEXANDER PARA MÚSICOS

Rafael García

La técnica Alexander es cambio. Un cambio de conducta que implica una visión más amplia de la música y del intérprete. La atención no se centra exclusivamente en los resultados, sino también en mejorar y cuidar todas aquellas áreas que conducen a una experiencia musical más satisfactoria.
Aprender a ver más allá del atril, levantarse de vez en cuando de la silla para tomar aire y reemprender la tarea con energía renovada, representa una medida saludable para el músico.
La técnica Alexander toma de la mano tanto las necesidades artísticas del intérprete, como los pilares del funcionamiento corporal que promueven en él una postura sana y movimientos libres. El resultado es beneficioso para ambos. La faceta artística del músico se amplía enormemente al reducir el número de interferencias en la interpretación, y a su vez, el bienestar corporal alcanzado lleva a una experiencia de mayor satisfacción.

MUSICOTERAPIA

Gabriel Pereyra

Este libro ofrece un viaje por el mundo del sonido y del ritmo.
A lo largo de sus páginas irán apareciendo un sinfín de posibilidades inexploradas que puede otorgar el poder de la música, acompañadas de diversos ejemplos para mejorar el nivel de relajación o aumentar la concentración, y otros para combatir el estrés o aliviar el dolor.
Gracias a los ejercicios planteados, el lector podrá desarrollar su musicalidad y alcanzar el equilibrio en la vida cotidiana, agudizando los sentidos, y mejorando su salud física y mental.

- La influencia de la música sobre el cuerpo humano.
- Los cuatro tipos de oyentes.
- El efecto Mozart.